道歌入門

悲しいときに口ずさめ　楽しいときに胸に聞け

岡本彰夫

GENTOSHA

はじめに

中学三年のとき、最愛の祖母を亡くしました。祖母の菩提《ぼだい》を弔うため、私のお寺通いが始まりました。

そのとき、再々「お説教」の講筵《こうえん》に連なったものです。「お説教」というとイヤな印象を受けがちですが、これほど面白いものはありません。笑いあり、涙あり、かつての庶民の娯楽であり、心を澄ます栄養剤でもありました。「聞法《もんぽう》」といいますが、大切なことは耳から入れねばならんと体感できました。その際、説教師が紡ぎ出す話の中に、折々当を得た「和歌」を引用されるのです。そのとき出合った歌が、幕末の三舟として知られる高橋泥舟が詠んだ、

欲深《よくふか》き　人《ひと》の心《こころ》と　降《ふ》る雪《ゆき》は　積《つ》もるにつけて　道《みち》を忘《わす》るる

でした。この種の道徳的和歌を「道歌《みちうた》」と呼んでいることも後年知り得ました。以来、私は道歌に心惹《ひ》かれ、いろいろな文献や書籍を探しましたが、納得のできるものに触れることはできませんでした。そもそも「ことわざ」というものは折に触れて、我が行く道の指針を示す大切な存在ですが、誰が考えたのかも知れず、どこに書いてあるのか出典もわかりません。

道歌もその通りで、誰が詠《よ》んだ歌なのか、出典がわかるものが少ないのです。その渇《かつ》を癒す存在となったのが、木村山治郎先生が生涯をかけて集められたという『道歌教訓和歌辞典』（東京堂出版）でした。

一気呵成《いっきかせい》に読み上げて自らの座右の銘となる歌四百首を書き出し、眺めてはほくそえんでおりましたが、人にせがまれるままに自らの体験談や想いを加えて解説致しますと、通算十数時間にも及びます。

このたび、お誘いのままにそのエッセンスをお福分け、おすそ分けするものです。

悲しいときに口ずさめ
苦しいときに思い出せ
楽しいときに胸に聞け

それが「道歌」です。
和歌にするとは、暗誦しやすいための所業にほかなりません。本書で紹介する歌の中に心に響く歌があれば、ぜひ、胸に刻み、人生の岐路に立ったときに思い出し、縦横無尽に使いこなしていただければ、このうえない悦《よろこ》びです。

岡本彰夫

凡例

○道歌の作者・出典がわかっているものについては、道歌のあとに（作者名、出典）の順で記した。出典によっては、詠み人がわからない道歌が掲載されているものもある。作者については、簡単な経歴を掲載した。また、文末に生年と没年を記し、享年を数え年で表記した。作者不詳で出典のみわかっているものは、巻末に出典の解説を掲載した。ただし、出典について未詳のものもある。

○道歌は口伝えで継承されたものも多く、本書で紹介したものと漢字の表記が異なるものもある。また、表記にわずかな違いがある場合もある。

○道歌の解釈については、歌の性格上、諸種の注釈を加え得ることを許容すべきと考え、異訳を試みたものもある。

道歌入門　目次

第一章　人間関係をよくする

第二章　満足のいく人生を送る

装幀　田中和枝（フィールドワーク）
カバー写真　アフロ
ＤＴＰ　美創
編集協力　小川裕子
協力　ヴュー企画

第一章

人間関係をよくする

✳ よき友人の助けなくして、人は育たない

麻《あさ》に添《そ》ふ　蓬《よもぎ》を見《み》れば　世《よ》の中《なか》の
人《ひと》はとにかく　友《とも》によるべし

（布施松翁『松翁道話』）

「麻に連《つ》れる蓬」ということわざをご存じでしょうか。麻は天に向かってまっすぐ伸びます。蓬はくねくねと曲がります。ところが、麻の中で育てた蓬はまっすぐ育つのです。麻につられるからです。中国の古典『荀子《じゅんし》』にも、「蓬、麻中《まちゅう》に生ずれば、扶《たす》けずして直し」とあります。

冒頭の道歌は、これらの故事・ことわざを踏まえたものです。まっすぐには伸びない蓬であっても麻に添えばまっすぐ伸びるように、人はまわりにいる友に影

響されます。ですからこの歌は、悪い友人は遠ざけ、よい友人と交わりなさい、と諭《さと》しているわけです。

では、悪い友人、よい友人とは一体どういう友をいうのでしょうか。悪い友人の条件を挙げた次のような道歌があります。

酔狂《すいきょう》や　おどけ女狂《めぐる》ひ　博奕《ばくち》うち　能《のう》なき人《ひと》に　知音《ちいん》はしすな

（作者不詳『見咲（けんしょう）三百首和歌』）

「知音はしす」とは「親友になる」こと。酒癖の悪い人、女癖の悪い人、賭け事をする人、能力のない人は親友にしてはいけない――。至極もっともです。

一方、よい友人についてですが、その条件について考えるとき、決まって思い出すのが、学生時代のある友人のことです。

もう四十年以上も前の、和敬塾という学生寮で暮らしていた頃の話です。ある日、同寮の山本正君と歩いていた私は、飲み終えたジュースの空き缶を何の気なしに捨てました。

その瞬間、山本君が間髪入れずに怒ったのです。「おまえは神主になるんだろう。それなのに、こんなところにゴミを捨てていいと思っているのか？　おまえには公衆道徳がないのか！」

私はすぐさま缶を拾い上げ、ゴミ箱を探して捨て直しました。若かったとはいえ、ゴミを道端に放棄しようとした自分の行為は、思い返すだに恥ずかしくなります。同時に、とっさに叱ってくれた友人に対して改めて感謝を覚えるのです。

年をとればとるほど、あるいは職位や立場が上がれば上がるほど、いさめてくれる人は少なくなります。自分のために本気で叱ってくれる友は本当に貴重です。私にとっては彼こそが、よい友人、得難い友人なのです。もちろん、以後、一度たりともポイ捨てをしたことはありません。

私たちは蓬と同じで、まっすぐに育つには友の助けが必要です。だからこそ、よい友人はいつまでも大切にしたいものです。

作者紹介

布施松翁《ふせしょうおう》　江戸時代中期の心学者。京都の呉服商の家に生まれ、家業のかたわらに石田梅岩門人の富岡以直から心学を学ぶ。著書に『松翁道話』『松翁ひとり言』がある。一七二五（享保一〇）年—八四（天明四）年。享年六十

✳ 苦手な相手こそ懐に飛び込もう

憎《にく》むとも　憎《にく》み返《かえ》すな　憎《にく》まれて
憎《にく》み憎《にく》まれ　果《は》てしなければ

（阿茶局　出典不詳）

憎い相手であっても、憎むのはやめなさい。相手から憎まれて、さらに憎み返してという連鎖が、果てしなく続くだけだから――。徳川家康の側室だった阿茶局が詠んだと伝わるこの歌は、なるほどと納得はできます。

一方で、その通りに行動できるかと問われれば、まったく自信がもてないものです。

次のような道歌もあります。

にくからむ　人《ひと》には殊《こと》に　良《よ》くあたれ　悪《あく》をば恩《おん》で　報《ほう》ずるぞよし
（作者不詳『西明寺殿百首和歌』）

「憎いと思う人に対しては殊に、よく接しなさい。悪意や悪行には恩で報いるのが最善の方法なのです」という意味の歌です。困りました、さらに難易度が上がってしまいました。

憎んで当然の相手に、敬意と親しみをもって対応するなど普通はできないものです。だからといって、気に入らない相手と対立する、あるいは遠ざけてばかりいては解決にはなりません。意に添わないつき合いは、実は、自分を成長させる好機でもあります。

「袖の下からでも回る子はかわいい」ということわざがあります。どんなに憎んでいても、袖にすがりついてくるような子はかわいく思える、という意味です。

私が駆け出しの神職だった頃、職場にとても厳しい方がおりました。新人はその方のもとで、供物の調え方を学ばなくてはなりません。ところが、この人は何かにつけて怒るばかりで、一向に手伝わせてもくれないのです。次第に、新人の多くがこの人を避けるようになりました。

私も、何度逃げ出したいと思ったかしれません。けれどもそのたびに思い留まり、必死に食らいつきました。そんな私を見てどう感じられたかはわかりませんが、ただ態度は日に日に軟らかくなり、いろいろと教えてもらえるようになりました。

年をとり、自分が教える立場になったとき、指導する者の気持ちがよくわかりました。「あのとき逃げ出さなくてよかった」とつくづく思ったものです。

お姑さんとの関係に悩んでいる方も、ぜひ、「袖の下からでも回る子はかわいい」の精神でいきましょう。つまり、手ごわい相手、といってはいけませんが、お姑さんの懐《ふところ》に思い切って飛び込んでみるのです。

感情ほど人を動かすものはありません。「仕方ないなあ」「憎めないなあ」と思ってもらう情が大切なのです。

作者紹介

阿茶局《あちゃのつぼね》　戦国時代から江戸時代前期にかけての女性。父は甲斐武田氏の家臣・飯田直政。名は須和。今川氏の家臣・神尾忠重の妻となるが、その没後は徳川家康の側室となり、阿茶局と呼ばれた。陣中にも従い、大坂冬の陣では和議の使者となった。家康の死後も活躍し、徳川秀忠の五女・和子（のちの東福門院）が入内のときには母の名代として上洛した。従一位に叙され、一位の尼、神尾一位とも呼ばれた。秀忠没後は雲光院と称した。一五五五（弘治元）年―一六三七（寛永一四）年。享年八十三

✳ 自分で直接、見聞きしないと感動は半減する

やって見《み》せ　言《い》って聞《き》かせて　させて見《み》せ
褒《ほ》めてやらねば　人《ひと》は動《うご》かじ
（山本五十六　出典不詳）

人を扱うときの心構えを説いた歌です。有名な一首なので、耳にしたことがある人も多いのではないでしょうか。山本五十六元帥の作と伝わってはいますが、本当かどうかはわかりません。ただ似たような歌は、元帥が生まれる以前からあったのではないかと思います。

目《め》で見《み》せて　耳《みみ》で聞《き》かせて　して見《み》せて　ほめてやらねば　誰《だれ》もせぬぞや

可愛《かわい》くば　五《いつ》つ教《おし》えて　三《みっ》つ褒《ほ》めて　二《ふた》つ叱《しか》りて　善《よ》き人《ひと》にせよ

（右二首　作者・出典不詳）

以上の二つもまた、人を扱うコツを説いています。

川良《かわら》浩和さんという方がおられます。NHKのドキュメンタリー番組「NHKスペシャル」を数多く手がけたプロデューサーとして著名な方です。私も何度かお仕事でご一緒する機会があり、そのたびに、人を動かすとはどういうことかを教わりました。

組織では、指示や通達は上から下へと順送りされるのが普通です。何か大切な案件であっても、直接聞くのは部長や課長などの一部の人のみで、役職のない一般社員は、部長や課長から伝え聞くだけです。これはある面で致し方ないといえます。何かあるたびに全員を集めて話すのは大変ですから。

ところが、川良さんは違いました。撮影を始める前に、機材をもって走り回るアシスタントも、カメラマンも、音声さんも集めて、先方の話を聞く時間を設けるのが川良さんのやり方でした。こうすると撮れる映像がまったく違うのです。

私の知人に、某大手旅行会社の部長をされた、加藤さんという方がいます。奈良に誘客するための妙案を二人で考え出しましたが、うまくいかないことがありました。そんなとき、加藤さんはこう言いました。

「私と先生が感動したことを支店長に話すと、百パーセントのうちの五十パーセントしか伝わらない。その支店長がそれぞれの支店に帰って担当者に話したら、さらに二十五パーセントしか伝わりません」

加藤さんはこれを「感動半減の法則」と呼んでいました。人を扱う立場にある方は、ぜひ、参考になさってください。

作者紹介

山本五十六《やまもといそろく》　明治末～昭和前期の軍人。第二十六、七代連合艦隊司令長官。海軍大将・元帥。新潟県で、旧長岡藩士・高野貞吉の六男として生まれる。一九〇四（明治三七）年に海軍兵学校を卒業。翌年、日本海海戦で重傷を負う。一三（大正二）年に両親が死去、そののち旧長岡藩家老の家柄である山本家を相続。一六（大正五）年、海軍大学校を卒業。駐米大使館付武官、空母赤城艦長、海軍航空本部長などを歴任した。三六（昭和一一）年に海軍次官となり、米内光政海相とともに日独伊三国同盟に反対。三九（昭和一四）年、連合艦隊司令長官となり、真珠湾攻撃やミッドウェー海戦などを指揮する。四三（昭和一八）年、前線視察中に、ソロモン諸島上空で搭乗機を撃墜され戦死。元帥を追贈され、国葬がおこなわれた。一八八四（明治一七）年―一九四三（昭和一八）年。享年六十

✳ 隠れた苦労が実を結ぶ

末《すえ》つひに　海《うみ》となるべき　山水《やまみず》も
かねて木《こ》の葉《は》の　下《した》くぐりけむ

（学舟『北窓瑣談』）

しまいには海となる山の清水も、ときには枯れ葉の下をくぐることもあったのだ——。そんな意味です。

細部は異なりますが、故・田中角栄氏は色紙に「末つひに　海となるべき　山水も　しばし木の葉の　下くぐるなり」と好んで書いたといわれています。日の当たらないところで辛抱した経験がなくては、人は檜《ひのき》舞台には上がれません。氏はそれを身をもって感じていたのでしょう。

「韓信《かんしん》の股くぐり」という故事があります。韓信は古代中国の武将です。韓信がまだ若い頃、町を歩いていた折に無頼者たちに囲まれるという事件が起きました。韓信にとって、目の前の輩《やから》を倒すのはわけないことです。しかし、彼はごろつきたちに刃向かいませんでした。それどころか、「俺の股をくぐってみろ」という辱《はずかし》めに黙って従い、周囲の人々からの嘲笑にも耐えました。

なぜ、韓信はこのような態度をとったのでしょうか。それは、韓信には大きな志があったからです。無頼者に無礼な振る舞いをされるなど、大事の前の小事にすぎない。そう考えて、あえて争わない道を選んだのでしょう。冒頭の道歌と通じるところがあると思いますが、いかがでしょうか。なお、韓信は長じて劉邦《りゅうほう》に仕え、劉邦の天下統一に貢献します。

韓信も田中角栄氏も、ともに立身出世を果たしました。「歴史に名を残す人物は、表舞台に出る前に存分な陰の苦労があるもんだなあ」と、感じ入った人もいるかもしれません。ところが、出世する人の共通点を挙げた、次のような道歌もあります。

世《よ》にあうは　左様《さよう》でござる　御尤《ごもっと》も　これは格別《かくべつ》　大事《だいじ》ないこと

世《よ》の中《なか》は　諸事《しょじ》おまえさま　ありがたい　恐《おそ》れ入《い》るとは　御尤《ごもっと》もなり

（右二首　根岸鎮衛『耳袋』）

世《よ》の中《なか》は　左様《さよう》でござる　御尤《ごもっと》も　何《なん》と御座《ござ》るか　しかと存《ぞん》ぜぬ

（作者不詳　田沼意次時代の落首）

「その通りです」「ごもっともです」「これは格別ですね」「大事ありません」「ありがたいことです」「恐れ入ります」「そうでございますか！」「よくわかりません」。自分の意見は述べず、このような言葉だけを言っていれば世に合う、つまりは迎合して出世するという意味です。もちろん皮肉なのですが、現代でも通用するのですから困ったものです。

「立身出世」という言葉は、今は死語に近いものになってしまいました。出世とは自らの利欲で世に出ることではありません。人のために尽力していれば、まわりの人々が強く推し、世に出て行かざるを得なくなるものです。それが本来の「出世」なのでしょう。

作者紹介

学舟《がくしゅう》　経歴不詳

根岸鎮衛《ねぎしやすもり》　江戸中・後期の幕臣。実父の安生定洪《あんじょうさだひろ》が御家人株を取得して三男の鎮衛に根岸家の家督を継がせた。鎮衛は一七八七（天明七）年に勘定奉行、九八（寛政一〇）年に南町奉行となった。著書の『耳袋（嚢《ぶくろ》）』は佐渡奉行在任中から三十年以上にわたって書きとめた随筆集。身分を問わず、さまざまな人の動向が描かれている。一七三七（元文二）年―一八一五（文化一二）年。享年七十九

✳ 行動こそが人の良し悪しを決める

色《いろ》かたち　見《み》てなにかせむ　その人《ひと》の
言葉《ことば》を聞《き》きて　よしあしをしれ
（作者不詳『愚息教歌百首』）

この道歌を思い出すたびによみがえる、二つの出来事があります。

ある女性と食事に行ったときのことです。その女性はなかなかの美人で、仕事もばりばりとこなす才女でした。食事が終わると彼女は席を立ってお手洗いへ。戻ってきた彼女と入れ替わりに私もお手洗いに向かいました。お手洗いの扉を開け、スリッパを履きかえようとしたところで、私はガッカリしました。スリッパが脱ぎ散らかしてあったのです。

わざわざ指摘して嫌がられるのも後口が悪いと思い、素知らぬ顔をしておこうと思ったのですが、結局、その人のことを思って注意しました。

「スリッパ一つ揃えられない者がよい仕事など、できるはずがない。あとの人のことを考えて行動しなさい」

幸い、女性は素直な人で、「教えていただきありがとうございます。これから気をつけます」と言ってくれました。

もう一つは学生時代のことです。

当時、私が寝起きしていた和敬塾という学生寮の寮生の中に、A君という、とても評判の悪い友人がいました。生活態度も女性関係もだらしないので、「Aは本当にだめな奴だ」と、誰もが思っていました。

ある日、寮の連中と外を歩いていると、目の前で一人の老婦人がつまずいて倒れました。段差か何かに足を引っ掛けてしまったのでしょう。そこへ、一台のトラックが向かってきたではありませんか。「危ない!」と思ったものの、私も、一緒にいた友人も、突然の出来事に身がすくんで、一歩も足を出すことができませんでした。

そんな中、A君だけは違いました。即座にトラックの前に飛び出して、命がけで老婦人を抱き起こし、車に轢《ひ》かれないよう安全な場所に移動させたのです。平生の評価は何であれ、有事にただ一人、行動したA君には、いたく恥じ入った次第です。いざというときに何もできなかった私らは、大いに反省したのは言うまでもありません。「人は見かけによらない」という言葉がこんなにも腑《ふ》に落ちた出来事は、あとにも先にもありません。

人間は、人を色かたち、つまりは外見で判断してしまいます。けれども、良し悪しを決めるのは表面ではなく内面です。本性というものは、言葉の端々やちょっとした立ち居振る舞い、殊に非常時によく表われます。見た目だけで他人を査定するのは愚の骨頂だと思っています。

⁂ 人の本性を知り、自分の生き方がわかるとき

おちぶれて　袖《そで》になみだの　かかる時《とき》
ひとのこころの　奥《おく》ぞしらるる

（作者不詳『歌発百撰集』）

落ちぶれてはじめて人の本心がわかる、という歌です。「金持ちが一文なしになった瞬間に取り巻きがいなくなった」とか「高い地位についていた人が失墜したら、またたく間に人が離れていった」というのは、よく聞く話です。

「一夫四婦《いっぷしふ》のたとえ」という仏教説話があります。

昔、インドに長者がおりました。インドは一夫多妻制です。長者は四人の妻をめとっていました。一番大事にされていたのは第一夫人です。次には第二夫人。

第一夫人には劣りますが、それなりに愛情をかけられていました。第三夫人は、第一夫人、第二夫人ほどはかわいがられませんでした。第四夫人にいたっては、かまってもらえないどころか、召使いのようにこき使われていました。

やがて、長者は自分の死期が近いのを悟ります。一人で死んでいくのはさびしく、耐えられないと思いました。そこで、夫人を順番に呼び寄せ、「私が死んだら、あなたも一緒についてきてほしい」とお願いをしました。もっとも寵愛を受けた第一夫人は、「あなたには本当にお世話になりました。でも、あなたがここで瞑目《めいもく》された時点でお別れさせていただきます」とすげなく断ります。

第二夫人は、「あなたの棺がこの家の門を出るところまではお手伝いさせていただきます。ただ、棺が敷地から出たところで私は失礼させていただきます」と言いました。第三夫人は、「あなたがガンジス河のたもとで荼毘《だび》にふされるまではお供させていただきます。灰となって河をお下りになるのをお見送りいたしましょう。けれども、その後は家に帰らせていただきます」と答えました。

富豪は最後に、第四夫人にも同じお願いをしました。すると、第四夫人は迷わずこう言ったのです。「わかりました。どこまでもお供させていただきます」。

四人の夫人はあるものの比喩《ひゆ》です。第一夫人はそのままお嫁さんです。どれほど大事にしても、お嫁さんはあの世まではついてきてくれません。死んだ瞬間にお別れです。第二夫人は財産です。棺が家の外に出てしまったら、財産は自分のものではなくなります。第三夫人は自分の身体。焼かれてしまえば、身体は影も形も消え失せます。

では、第四夫人は何のたとえでしょうか。それは心です。心や魂、そして生前の行為による善悪は、死後もついてまわります。肝要なのは、財産や社会的地位、身分などを失って惨めな境遇に陥ったときも、寄り添い、支えてくれる人間関係です。それが築かれていれば、いざ今生に終わりが来たときも、大勢の人が死を悼み、末長く忘れ去られることはないでしょう。これほど幸せな人生はありません。死んでからこそが、本当の姿が見えてくるのではないでしょうか。

✳ 連れ添ってこそ夫婦となる

世《よ》の中《なか》は　月《つき》に叢雲《むらぐも》　花《はな》に風《かぜ》
思《おも》ふに別《わか》れ　思《おも》はぬに添《そ》う

（作者不詳『うすゆき物語』）

月が出れば雲がかかり、花が咲けば風が吹く。想う人とは別れ、さほど想わぬ人と添う。世の中はままならぬものである――という意味です。

作者のため息が聞こえてきそうな、実感がこもった道歌です。共感される方も多いのではないでしょうか。「思ふに別れ　思はぬに添う」とよく似たことわざが関西にあります。

「好き寄り三年　いやいや一生」

「好きで一緒になった相手とは三年しかもたないが、好きでもないのに、仕方なく添った相手とは一生続く」。まるで恋愛結婚とお見合い結婚について言及しているようだと思いませんか。

私と妻はお見合い結婚でした。お見合い結婚というのは、ゼロからではなく、マイナスから出発しているのです。「ハズレくじ引いたんと違うかいな?」とお互いに思っていますから、一緒にいてもどこか心安くない。それが態度に表われていたのでしょうか、新婚旅行中にタクシーの乗務員さんから「お二人はお見合い結婚でしょう」と見事に言い当てられてしまいました。どうしてわかったのだろうと、不思議に思って尋ねると、「別々の窓から外を見とるからねぇ」とのことでした。思わず二人で笑ってしまいました。

そんなふうに始まった私ども夫婦ですが、子を授かり、育てていく中で絆を深めてきました。もし子どもがいなかったら、早々に袂《たもと》を分かっていたかもしれません。いろいろな苦難も山ほどありました。仕事を辞めようと思ったことも何度かありました。そのとき妻は、「あなたの自由にしてください」と言ってくれました。

存じ上げている某大企業の社長さんに、やはりお見合い結婚をしたご夫妻が二組おられます。

一組は、相手と一回会っただけで結婚を決めたそうです。

もう一組は、結婚前に三度会ったものの、三度目に会ったとき、お嫁さんとなる人の顔が思い出せず、人混みの中から見つけられなかったとか。

恋愛結婚が当たり前だと考えている人にしてみれば、ありえない話でしょう。けれども、双方のご夫妻ともたいそう仲がよろしいのです。

一方で、十年もお付き合いしておきながら、結婚した途端、わずか三ヵ月で離婚した知り合いもいます。

共白髪まで仲睦《なかむつ》まじくいられる相手かどうか。これぱかりは、「添う」てみないとわかりません。

✳ 本物には、自ずから人が集まってくる

まこも草《ぐさ》　つのぐみわたる　沢辺《さわべ》には
つながぬ駒《こま》も　はなれざりけり

（俊恵『詞花和歌集』）

「まこも」はイネ科の草で、馬の大好物といわれています。「つのぐみ」は「角《つの》ぐむ」の活用形で、角のような芽を出すことをいいます。この道歌の意味は、「まこもが生い茂る沢辺では、馬をつないでおく必要はない。おいしいまこも草を食べ続けることができるのだから、馬が逃げ出す心配はない」というものです。

もう一首ご紹介しておきましょう。

あら垣《がき》も　戸《と》ざしもよしや　駿河《するが》なる　清見《きよみ》が関《せき》は　三保《みほ》の松原《まつばら》
（作者不詳『醒睡笑』）

駿河国の清見ヶ関には、垣根も扉もいらぬのだ。三保の松原や富士の美しさに見とれて、人が離れようとはしないのだから――。

「無声呼人」という言葉があります。素晴らしい人のところには、呼んだり招いたりせずとも人々が慕って寄り集まるという意味です。かくありたいとつくづく思います。

近年、特に若い世代で、会社をすぐに辞めてしまう人が増えているようです。これをけしからんと思う気持ちもわからなくありませんが、そもそも、魅力ある組織であったなら、誰も離脱しようとは思わないでしょう。

高校時代の同級生に永く飛行機の客室乗務員をつとめ、教官にまでなって、今は接遇の講師をしている出口郁子君という女性がいます。あるとき、私は彼女に一軒のビジネスホテルで従業員に接遇を教えることをすすめました。そのホテルは大手ビジネスホテルチェーンの系列で、あまたある系列店の中でも、従業員の接客態度が悪いことで評判だったといいます。店舗対抗の接客コンテストではいつも下位で、全国で三十七位でした。

そんな従業員の接客態度が、彼女の熱心な指導でみるみる変わっていきました。コンテストでの順位も上がり、三ヵ月後には十位、さらにその三ヵ月後に二位に、二年後にはとうとう一位を獲得しました。これでこのホテルは安泰だと誰もが胸をなで下ろしたとき、困った事態が起きました。せっかく育てた従業員が次々に退職し始めたのです。ホテルマンとしての自信をつけた彼ら彼女らは、より条件のよい、あるいは格の高いホテルへと移っていきました。

よく聞く話ではあります。ではなぜ、こうした状況が起きてしまうのでしょうか。理由は簡単です。会社の経営陣や上司といった立場のある人たちが、従業員との紐帯《ちゅうたい》を育《はぐく》む努力を怠っていたからです。くだんのホテルでは、支配人は従業員たちに接遇を学ぶ機会を与えました。これは素晴らしいおこないです。しかしながら、それだけでは不十分でした。ホテルはそこで働く人たちにとっての「まこも草」「清見が関」にはなれませんでした。だから、人が離れていってしまったのです。

紐帯とは、読んで字のごとく、紐《ひも》と帯です。転じて、物と物、人と人とを結ぶ心の絆を意味します。

紐帯を確かにする秘訣を教えてくれるこんな歌があります。

思《おも》ひやれ　つかふも人《ひと》の　思《おも》ひ子《こ》よ　我《わ》が思《おも》ひ子《こ》に　おもひくらべて

（吉川惟足　出典不詳）

わが子をかわいく思うように、あなたに仕える者もまた、誰かのかわいい子である。だから、わが子のように思いやりなさい——。

最近話題のブラック企業に教えてやりたいと感じるのは私だけではないでしょう。社員を使い捨てと考え、安い月給でこき使う。人を物扱いにすることは言語道断です。社員はわが子同様に考え、大切にしなくてはいけません。そうしてようやく会社と社員の間に紐帯が生まれるのです。

いったん紐帯が育まれたなら、社員は会社を簡単に辞めたりせず、苦難のときこそ支えてくれるでしょう。もちろん、運命共同体なのですから。同時に、社内には活気が溢《あふ》れ、わざわざ高い広告費を出して募集をかけなくても、よい人材が自然と集まるようになるのではないでしょうか。そんな本物の会社が増えることを願ってやみません。

作者紹介

俊恵《しゅんえ》　平安時代末期の歌人、東大寺の僧。源俊頼《としより》の子で、父に和歌を学ぶ。俊恵法師とも呼ばれる。自坊の歌林苑《かりんえん》に藤原清輔、源頼政、殷富門院大輔《いんぷもんいんのたいふ》ら多くの歌人を集めて歌会を催し、歌壇に大きな影響を与えた。鴨長明の師で、『無名抄』などにその歌論が見える。『詞花和歌集』以下の勅撰集に多数入集。『歌苑抄』『歌林抄』などの撰集を編集し、家集には『林葉和歌集』がある。一一一三（永久元）年―没年不詳

吉川惟足《よしかわこれたり》　姓は「きっかわ」、名は「これたる」とも読む。江戸時代前期の神道家。吉川神道の創始者。武士の家系の出身といわれているが、江戸日本橋の商家の養子となり、家業を継ぐ。その後、商売がうまくいかず、鎌倉へ隠居。一六五三（承応二）年に京都の萩原兼従《かねより》に入門し、吉田神道を学び、江戸で一派を開く。第四代将軍徳川家綱をはじめ、加賀前田家、会津保科家などの諸大名の信任を得て、八二（天和二）年に幕府神道方となった。一六一六（元和二）年―九五（元禄七）年。享年八十

第二章

満足のいく人生を送る

✳ 借りではなく、貸しをつくる人生を目指す

へつらはず　おごることなく　争《あらそ》はず
欲《よく》をはなれて　義理《ぎり》をあんぜよ
（烏丸光広『道徳問答』）

「義理をあんぜよ」とは、「義理を大切にしなさい」という意味です。誰にもへつらわず、おごったり争ったりすることもなく、無欲で義理を重んじる――。こんな人生を送れたら最高だと思いませんか？

亡き母からかけられた、忘れられない言葉があります。

「会社でへつらう必要はないのや。そのためには、常に給料以上の仕事をしたらエエのや。給料以上の仕事をしてさえおれば、へつらう必要はない。何かあって

も堂々とできるんや。給料に見合わん働きをしとるから、周囲の人にペコペコせんとアカンのや」

給料以上の仕事をすると、会社に貸しをつくれます。給料以下の仕事をすると、会社に借りができます。

貸しがあれば、理不尽な命令は拒否するだけの信用ができます。どんなときも自分の意見を胸を張って言えるでしょう。借りがあっては、そうはいきません。借りがあるという負い目からつい媚《こ》びたり、へつらったりしてしまいます。わが母ながら至言だと感心せざるを得ません。

人生においても同じことが言えます。誰にもへつらわずにいるためには、借りをつくるような生き方をしてはいけないのです。

もちろん、実践するのは容易ではありません。私もかくありたいと目指しはしましたが、自分かわいさに、ついへつらってしまったこともあります。ましてや、道歌で推奨されている生き方を貫くのは困難を極めるでしょう。それでも、「どうやったらへつらわないでいられるだろうか」「おごりや争い、欲を捨てるにはどうしたらいいのだろう」と考え、自分なりに試行錯誤してみる。それだけで、仕事も人生も、ずいぶんと違ってくるものです。

作者紹介

烏丸光広《からすまみつひろ》　江戸時代前期の公卿・歌人。幼少時に日蓮宗の僧・日重に預けられて学問にめざめる。のち清原清賢に儒学を、細川幽斎に和歌を学んで古今伝授を受け、二条派歌学を究めた。後陽成《ごようぜい》・後水尾《ごみずのお》天皇に仕え、権大納言《ごんだいなごん》に至る。また徳川家光の歌道師範をつとめ、本阿弥光悦《ほんあみこうえつ》・俵屋宗達《たわらやそうたつ》ら文化人とも交流した。家集に『黄葉和歌集《こうようわかしゅう》』などがある。一五七九（天正七）年―一六三八（寛永一五）年。享年六十

※耐えるとは、とことんまで我慢すること

堪忍《かんにん》の　なる堪忍《かんにん》は　誰《だれ》もする
ならぬ堪忍《かんにん》　するが堪忍《かんにん》

（作者・出典不詳）

奈良の薬師寺管主の故・高田好胤《こういん》師は金堂、西塔などの伽藍《がらん》の復興を成し遂げられ、仏法をわかりやすい言葉で伝えることに苦心された高僧です。以前、好胤師が書かれた色紙を見たことがあります。そこには、「忍」の一文字に加えて、次の言葉が添えられていました。

「忍び忍んで　なほ忍ぶ」

艱難辛苦《かんなんしんく》を忍び忍ぶところまでは誰にでもできます。堪忍できる事柄は誰もが

堪忍するのです。しかし、「なほ忍ぶ」ができる人は滅多にいません。私にしてもそうです。

私は春日《かすが》大社に奉職している頃から、人材育成のための塾をいくつか創設していました。ある日、一人の塾生から仲人を頼まれました。おめでたい話ですから、普段なら一も二もなく引き受けるのですが、このときは少々迷いました。ちょうど春日大社を辞めようと思っていたからです。

そもそも私が神主を志したのは、人様の役に立ちたいと思ったからです。ところが五十歳になった頃、その初志がまったく果たせていないことに気づいたのです。人生五十年といいますが、これは仕事の一区切りを指しているのではないでしょうか。そこで私はそれからの十年間を準備期間と決め、六十歳で組織を離れて自由に思いを果たしたいと考えていました。

私は彼に事情を打ち明け、「仲人をさせてもらうときには春日大社権宮司という肩書きがなくなっているかもしれない。それでもかまわんか」と尋ねました。

すると彼は、かばんからノートを取り出し、あるページを開いて見せてくれました。「忍」と書かれています。彼はいつも、私の講話を熱心にノートに書き記していました。

「岡本先生、僕は自分が経営する会社で会議のときに、いつもこのページを眺めて辛抱しています。どんな理不尽な発言を受けても、そのたびに先生のお話を書き留めたこのページを見ては、『堪え忍べないようなことを堪え忍んで、はじめて堪忍したといえる。なお忍ぶことこそが大切』というお話を思い出し、辛抱してきました。今も会社が存続しているのは先生のおかげなんです。仲人をぜひお願いできないでしょうか」

彼の言葉を聞いて私は嬉しく思い、悦んでその役を引き受けました。

九分九厘まで辛抱しておきながら、残りの一厘でお膳をひっくり返したなら、辛抱したとはいえません。我慢するときは、とことんまで我慢する。それが肝要です。

だからといって、いかなる理不尽にも耐えろというつもりはありません。わが家にはこんな家訓があります。

「時と場合で謀反も起こせ」

人生には立ち上がらなくてはいけないときがあります。「なほ忍べ」と「謀反も起こせ」の二つは相反するように見えて、どちらも真理です。また、双方ともに、勇気がなくては成し遂げられないという点は共通しています。

今は耐え忍ぶときなのか。はたまた、明らかに理不尽と思えることに対し、正義のために立ち上がるときなのか。しっかり見極めなくてはいけません。

✳ ただただ、まっとうに生きる

見《み》む人《ひと》の　ためにはあらで　奥山《おくやま》に
おのが誠《まこと》を　咲《さ》く桜《さくら》かな
（作者・出典不詳）

桜は見てくれる人がいるから咲くわけではありません。山の奥深くでひっそりと咲く桜は、自らの力の及ぶ限りを尽くして咲いているだけ。見てくれる人がいようが、いまいが、そんなことには少しも頓着していないのです。ただただ誠実に生きてこそ、美しい花を咲かせることができます。よしんばその場所が目立たぬところであっても、必ず誰かがそれを認めてくれる日がやってくるのです。満開の桜は、その下で眺めるより、「遠山の桜」にこそ美しさを感じます。人に見せるために咲くのではなく、力があるからこそ花を咲かせることができるのです。かの有名な、阪急電鉄の創業者・小林一三《いちぞう》翁は、「君がもし下足番を命ぜられたら、日本一の下足番になってやれ。さすれば誰も君をそこに置いておくことはないだろう」と語られたといいます。

私たちはよく、「あの人は徳がある」「徳を積む」などと言いますが、徳には二種類あります。一つを陽徳といい、誰かに見てもらえる、あるいは知ってもらえる徳行です。見ている人がいるのだから、「いい人だ」「素晴らしい人だ」と評判がたちます。ゆえに、陽徳は現世で報われます。

もう一つは陰徳といいます。他人に知られないよう密かに積む徳行です。誰にも気づかれないので、陽徳で得られるような現世での利益や報いはないかもしれません。けれども、「陰徳あれば必ず陽報あり」という言葉があるように、はっきりとしたよい報いが必ず訪れます。

徳行に限らず、見せびらかすのは見苦しいものです。才能をひけらかせば人を遠ざけます。そうではなく、ふとした瞬間に「あの人にはこんな才能があったんだ」とわかる、その奥ゆかしさをより好ましく感じるのは、日本的な感覚なのでしょう。

日本では、何事も内を豊かにすることを美しい行為と考えますから、なるべく内包してしまいます。いわゆる謙譲の美徳というものです。

日本の総理大臣が各国の首脳と会談をしたあとに撮った集合写真がたびたび話題になります。日本の総理が後列や端にいるのを見て、「弱腰だ」というものです。しかし、あえてわきに控えるのは悪いことではないと思っています。なぜなら、それが日本人の美徳だからです。

他国に負けじと前に出るのは自己主張をせねばならない大陸的な行動です。それに対して、文化としての謙譲の美徳を国際社会にきちんとアピールすることこそが、真の国際交流となるのではないでしょうか。

✳ 世界は自分の意識によって生じる

手《て》を打《う》てば　鯉《こい》は餌《え》と聞《き》き　鳥《とり》は逃《に》げ
女中《じょちゅう》は茶《ちゃ》と聞《き》く　猿沢《さるさわ》の池《いけ》

（作者・出典不詳）

猿沢池は奈良の興福寺の旧境内にあります。猿沢池のほとりで手を叩《たた》くと、鯉は餌をもらえるものと思い、勢いよく寄ってきます。鳥は鉄砲の音と勘違いして一目散に逃げていきます。旅籠《はたご》の女中さんは、いつも主人から「お客さんが呼んだらすぐにお茶を出しなさい。せぬ者はクビにするぞ」と叱られているから、お客が手を打つと慌ててお茶を運びます。

この道歌は、古代インドで生まれた深層心理学「唯識論《ゆいしきろん》」をわかりやすく表現したものです。唯識論を学ぶ法相宗《ほっそうしゅう》は、興福寺や薬師寺などの依るところで、「世界で起こるありとあらゆる現象も、事物も、私たち人間の意識が作り出したものである」というのが唯識論の論旨なのです。

意識は人それぞれ違いますから、世界が意識によって生じるとするのなら、生き物の数だけ世界が存在するということになります。ただ手を打っただけなのに、鯉、鳥、女中さんが三者三様の反応を示したのはこのためです。私たちは同じ世界を見ているようで、実際には、それぞれ勝手に考えて違うものを見ているのだと道歌は告げているのです。

世界は意識でできていると聞くと、難しく感じられるかもしれません。あるいは、そんなふうに考えたところで何の役にも立たないとおっしゃる人もいるかもしれません。けれども、唯識論の考え方は、人生の迷い道に入り込んでしまったときの光明となり得ます。

知人から、「極度のあがり症を何とかしたい」と相談されたことがあります。

似たような悩みを抱えている人も少なくないはずです。ではなぜ、人は緊張するのでしょうか。それは、自分の中に何かしらの思惑があるからです。「失敗したくない」「恥をかきたくない」「高い評価を得たい」……。このような思いがあるから、周囲の視線が気になり、平常心でいられなくなるのです。つまり、綱渡りと同じです。ごく低いところにロープが張られていれば難なく渡れるのに、高いところに張られたら途端に怖くなって渡れなくなってしまいます。要は心の持ちようなのです。

楽しい、嬉しいといった正の感情に比べて、不安、妬み、怒りといった負の感情のほうが、現実になりやすいという性質があります。困難に直面したら、いったん立ち止まって、自分の心とじっくり向き合ってください。よくよく観察すれば、結局は、あなた自身の中にある恐れや心配事が、別にそれほどのことでもないのだと気づくでしょう。そうとわかれば、冷静になって、落ち着いて行動できるはずです。

✳︎ 長生きの秘訣は「待つ」こと

気《き》は長《なが》く　勤《つと》めは強《つよ》く　色薄《いろうす》く
食細《しょくほそ》うして　心広《こころひろ》かれ

（作者不詳『閑窓瑣談』）

長生きの秘訣を謳《うた》った道歌はたくさんあります。これもその一つです。気は長くもち、仕事はしっかりと励む。女性関係と食欲はほどほどにし、心は広く。このようなことを日々、実践したなら、確かに長生きできそうです。

江戸時代に活躍した天海という僧侶がいます。徳川家康、秀忠、家光の三代に参謀として仕えた人物で、享年は何と百八だったとか！　天海はあるとき、家光から長寿の秘訣を尋ねられます。その際、彼が口にしたとされるのが次の二首の和歌です。

気《き》は長《なが》く　つとめはかたく　色《いろ》うすく　食細《しょくほそ》うして　心広《こころひろ》かれ

長命《ちょうめい》は　粗食《そしょく》　正直《しょうじき》　日湯《ひゆ》　陀羅尼《だらに》　おりおり御下風《ごかふう》　あそばさるべし

（右二首　作者・出典不詳）

一首目は、冒頭で取り上げた道歌とよく似ています。二首目の「日湯」以降は、「毎日お風呂に入って、お経を読み、たまにはおならでもして、ゆったりと構えなさい」という意味です。興味深いのは、いずれも心の健康について触れているところです。心労が身体を損なうと、先人たちは経験から知っていたのでしょう。

現代はストレス社会といわれます。これは、現代人が「気は長く」を苦手とするようになったことが一因ではないでしょうか。「祭」の語源は一説には「待つ」

す。「知りませんので教えてください」と率直に尋ねればいいのに、つい知っているふりをしてしまう。皆さんにも経験があるのではないでしょうか。ただ、知ったかぶりほど浅はかな姿はありません。

知《し》りたるも　しらぬ顔《かお》なる　人《ひと》ぞよき　物知《ものし》り顔《がお》は　見《み》ても見苦《みぐる》し

（作者不詳『西明寺殿百首和歌』）

知っていても知らない顔をしている人がよい。物知り顔は見苦しい——。道歌の言う通りです。

また、「そうですね」という相づちにも注意すべきでしょう。「そうですね」という言葉には、「私も知っていますよ」という主張が隠れています。これを聞いた途端、相手は「知っているならもう話すのはやめよう」となってしまうものです。

相手の話を引き出し、なおかつ、より深い知識を求めたいと願うなら、相づちは「そうですか！」という謙虚な応待に限ります。「そうですか」は「知りませんでした」と同義です。言われた相手は、「じゃあもっと教えてあげよう」と身を乗り出して、自分の体験や知識を惜しみなく披露してくれるものです。

誰でも、聞く価値のある話の一つや二つは持っておられるものです。それを「そうですね」と言ったばかりに聞き逃すのはもったいない。「ね」と「か」、たった一文字変えるだけで、体験や知識という貴重な宝を得られるのですから、これほど結構な話はありません。若い人は特に、「そうですか」を使うことをおすすめしたいものです。つまり、それが「直き心」でもあるのです。

もちろん、年をとってからも素直さは大切です。私が若い頃にお仕えした花山院親忠宮司さんは、学問に対して真摯《しんし》な態度をとられた立派な方でした。七十代の宮司さんが、まだ二十代の若僧の私に、知りたい事柄は「岡本君、それはどういうことだい？」とお尋ねになられるのです。私もそのお姿に習わせていただいています。

聞き上手であることは、いくつになっても謙虚で素直な心でいることです。それは、人生にとって無限の可能性を広げる行為なのです。

作者紹介

太田道灌《おおたどうかん》　室町時代の関東の武将。武蔵守護代・扇谷《おうぎがやつ》上杉家の家宰。太田資清《すけきよ》の子。実名は資長《すけなが》、入道して道灌。築城や兵馬の法に長じ、学問や文芸も好んだ。一四五六（康正二）年、江戸築城を開始する。岩槻・河越にも築城するなど、武蔵・相模の実力者となる。七六（文明八）年、山内上杉憲定の家臣・長尾景春が起こした乱を平定し、扇谷家を山内家に匹敵するまで成長させる。しかし、扇谷家の台頭を恐れた山内上杉顕定により扇谷家内部の対立に乗じて扇谷上杉定正に暗殺された。一四三二（永享四）年―八六（文明一八）年。享年五十五

✳ 悪い「執着」とよい「こだわり」がある

咲《さ》くを待《ま》ち　散《ち》るをば惜《お》しむ　苦《くる》しみは
花掘《はなほ》り植《う》えし　咎《とが》とこそ知《し》れ
（月照『露のくち葉』）

花が咲く時期になれば、「そろそろ咲く頃だろうか」「明日には開花するかもしれない」と心が安まらない。強い風が吹いたり、雨が降ったりすれば、「もう散ってしまう」と惜しむ。この苦しみをもたらす原因は、土を掘り、花を植えた自分自身ではないか——という意味の歌です。

さらにもう一歩、この歌を深読みしてみましょう。

仏教では、苦しみの正体は執着《しゅうちゃく》であり、苦しみから逃れたければ執着を捨て去りなさいと教えます。確かに、何かに執着するのは賢明とは言いがたいかもしれません。自分が植えた花に執着しなければ、花の盛衰に一喜一憂することもないでしょうから。しかし、だからといって、執着がまったくの悪かといえば、そうではないのです。

よしあしに　移《うつ》るならひを　思《おも》ふにも　あやうきものは　心《こころ》なりけり

（伴蒿蹊『閑田詠草』）

善となるも悪となるも、適切な対応によるべきで、うまく扱えばより深みを増しますし、度を超せば悪となります。その線引きの推量が必要でしょう。

執着のもとは欲求です。食欲や睡眠欲は、人が生命を維持するために必要不可欠なもので、完全に放棄してしまっては生きていけません。ただし、欲求が度をすぎれば執着になります。過剰に求めることは、食事や睡眠に振り回されるようになってしまうのです。要は、度を超さなければいいだけの話ですが、厄介なことに、度というものは、一度超えてみないとわかりません。飲酒などはその好例でしょう。どれほど飲めば度を超すのか。失敗してようやく、自分の適量がわかります。

人生も同じこと。何度もしくじり、ときには痛い目に遭わないとわからない事柄があります。この道歌の真髄も、正当の欲求と執着とを分かつ一線も、きっと、その類いなのでしょう。

さて、執着と混同されがちなものにこだわりがありますが、執着とこだわりは異なるものです。度をすぎた執着は苦しみを生じます。一方、よい意味のこだわりはむしろ必要で、こだわらない人間にはよい仕事はできません。

春日大社につとめていた頃、式年造替《しきねんぞうたい》を経験させてもらいました。造替とは、社殿の修築大事業のことです。式年の「式」は「定めた」という意味で、一定の期間ごとにおこなわれる造替を式年造替といいます。二十年周期なのは、修築に関する技術、技能を絶やさないための知恵で、言わば人づくりにほかなりません。

私が式年造替の担当を仰せつかった折には、こだわりのある職人さんや職員を集めました。寸法を測れば一分の狂いも許さない。そういう仕事ができる人でなければ、後世に遺る仕事はできません。

こだわりがある人は、ときに融通が利かなかったり、他人と足並みを揃えるのが苦手だったりします。采配を振るう人間にとっては手ごわい相手かもしれません。けれども、こだわりがある人、そうでない人を適材適所に配置し、うまく指揮するのが、上に立つものの役目であり、腕の見せどころなのです。

かばかりの　ことはうき世《よ》の　ならひぞと　ゆるす心《こころ》の　はてぞかなしき

（作者不詳『雲萍（うんぴょう）雑志』）

加えて、人を使うときに何事も、なし崩しにしていけば大事はならぬものです。

厳しく律してこそ、人を動かすことができます。

作者紹介

月照《げっしょう》　幕末期の尊皇攘夷派の僧。歌僧としても知られる。大坂の町医者の長男として生まれるが、一八二七（文政一〇）年に京都で出家し、のちに清水寺成就院の住職となる。しかし、尊皇攘夷に傾倒し、吉田松陰、梅田雲浜、近衛忠煕、西郷隆盛らと親交を深める。五八（安政五）年から始まった安政の大獄で身に危険が及ぶと西郷隆盛とともに京都を脱出し、薩摩藩に逃れる。しかし、滞在を許されず、西郷と錦江湾に入水。西郷は一命を取り留めるが、月照は絶命した。命日である一一月一六日には清水寺で「落葉忌《おちばき》」として法要がおこなわれている。一八一三（文化一〇）年―五八（安政五）年。享年四十六

伴蒿蹊《ばんこうけい》　江戸時代中期の歌人・文章家。近江八幡出身の京都の商家に生まれ、八歳で本家の豪商の養子となった。十八歳で家督を相続し、家業に専念したが、三

十六歳で隠居・剃髪して以後は著述に専念した。著書の『主従心得草』は近江商人の典型的な家訓とされ、『近世畸人伝《きじんでん》』は江戸時代の人物の伝記集として名高い。ほかに『閑田詠草』などの著書がある。一七三三（享保一八）年―一八〇六（文化三）年。享年七十四

✳ 軽きは軽きにかえり、重きは重きにかえる

さらぬだに　おもきがうへの　さよ衣《ころも》
わがつまならぬ　つまなかさねそ
（寂然『新古今和歌集』）

寂然法師の、「不邪婬戒《ふじゃいんかい》」を詠んだ有名なもので、意味深長な歌です。「さらぬだに」は「そうでなくても」、「さよ衣」は「夜着」です。「つま」は「褄」と書き、着物の裾の両端左右を指します。直訳すれば、「それでなくても夜着は重いのに、さらにその上に、私の衣の褄ではない褄を重ねてはいけない」という感じでしょうか。これだけ読むと、寂然法師は一体何を言いたいのかと疑問に思ってしまいますね。ところが、「褄」を「妻」に変えて読むと印象が一変し

ではないでしょうか。

「妻の尻に敷かれている」「妻が敬ってくれない」と嘆いている方は、ご自分の振る舞いを顧みる必要がありそうです。「軽きは軽きにかえり、重きは重きにかえる」と申します。どれほど手慣れた事柄であっても、軽く見れば失敗するというのが本来の意味ですが、これは夫婦にも当てはまります。夫が妻を軽く扱えば、妻も夫を軽んじます。逆もまたしかり。ご縁があって一緒になったのですから、よい関係を築く努力を惜しんではいけません。

最後に、不倫をどうしてもやめられない方に、次の道歌をお届けします。

親《おや》をすて　妻《つま》すて金《かね》も　すてつくし　はては女《おんな》に　すてらるるかな
（林田雲梯　出典不詳）

作者紹介

寂然《じゃくぜん》　じゃくせん、じゃくねんとも読む。平安時代後期の官人・歌人。生年は一一二〇年頃、没年は一一八二年以後とされる。俗名は藤原頼業《よりなり》。父は丹後守藤原為忠。従五位下壱岐守に任ぜられるが、まもなく出家し、大原に隠棲する。同じく出家した兄の寂念、寂超とともに大原三寂と呼ばれる。西行と親しく、歌の贈答をしている。和歌や今様に優れ、『寂然法師集』『唯心房集』などがある。生没年不詳

林田亀太郎《はやしだかめたろう》（雲梯《うんてい》）　明治～昭和初期の官僚、政治家。雲梯は号。父は熊本藩士・林田俊太郎。大学予備門を経て帝国大学法科を卒業後、法制局参事官、衆議院書記官長などを歴任した。第十四・十五回総選挙で衆議院議員に当選。鮫川電力社長などもつとめた。『日本政党史』などの著書がある。一八六三（文久三）年―一九二七（昭和二）年。享年六十五

✳ 酒呑みを自認するなら、飲んでも飲まれるな

酒《さけ》もまた　のまねばすまの　浦《うら》さびし
すぐればあかし　波風《なみかぜ》ぞ立《た》つ

（古歌　出典不詳）

「すま」は、今でいう兵庫県神戸市須磨区、「あかし」は兵庫県明石市のことです。須磨も明石も、風光明媚《ふうこうめいび》な場所として、和歌や絵巻物にたびたび登場します。お酒の席でまったく飲まないのはさびしいもの。だからといって、飲みすぎたら、それはそれでいらぬ波風が立つ――。道歌はそういっています。

古来、米からつくられたお酒は日本人にとって特別な飲み物でした。邇邇藝命《ににぎのみこと》は地上に降り立つ際に、高天原の神の庭で育てられた稲穂（斎庭《ゆにわ》の稲穂）を授け

られたと『日本書紀』にあります。

米は高天原（天上）から与えられた、非常に尊い食べ物です。その米を醸してつくる酒は、当然、貴重な飲み物とされます。

お酒を飲む、もしくは、お酒などを飲んで顔が赤らむことを、「豊《とよ》の明《あ》かり」といいます。その意は酒で顔が豊かに明らむからとも、終夜、部屋の明かりがアカアカとともされているからともいいます。「豊の明かり」は、かつて宮中でおこなわれた「豊明《とよのあかりの》節会《せちえ》」という酒宴の語源となる言葉なのです。

お酒を飲み、おいしい料理を食べ、歌い踊って憂さを晴らす。日本人ははるか昔から、貴人もただ人《びと》も、お酒の力を借りて日頃の鬱憤を吐き出し、同時に、英気を養ってきたのです。

お酒を好むのは人だけではありません。八百万《やおよろず》の神々もお酒がお好きなようで、『古事記』『日本書紀』、またさまざまな風土記に、神様がお酒を聞こし召す様子が描かれています。ゆえに、お供え物にはお米だけでなくお酒が欠かせぬ大切な存在ですし、神事のあとにお下がりの供物をいただく「直会《なおらい》」でも、お酒が振る舞われます。

この慣習には、私はずいぶん苦労しました。というのも、実は、私は下戸《げこ》なのです。

では、いかにして酒席を切り抜けてきたかといいますと、若い頃は、空いた料理の器を机の下に隠しておき、そこにお酒を流し込んでいました。私の経験からいって、これには深さがあるお造りの鉢が一番です。長年、技術を磨いてきたおかげで、周囲に気づかれないよう酒杯を空けるのはお手のもの。いつしか、「岡本さんは大変な大酒呑みだなあ。いくら飲んでも顔色が一切変わらないのだから」と言われるようになったほどです。最近は、私の体質を知っている若き酒豪が隣に座し、何食わぬ顔をして飲んでくれるので、たいそう助かっています。

お酒が飲めない人間は、宴会ではしばしば、酔っ払いのお世話係や介抱係を任じられるもので、私もすっかり手馴れてしまいました。とはいえ、そのたびに

「下戸は損だなあ」と思っていたのです。けれども、ある出来事がきっかけで、損ばかりではないと思うようになりました。

もう十数年も前になるでしょうか、息子がわが家に友人を招き、酒盛りをしていました。そのうち、友人の一人の具合が急に悪くなり、倒れてしまったのです。限界を超えて飲みすぎたのでしょう。

別室にいた私は息子から事情を聞くやすぐさま駆けつけ、彼の衣服をゆるめ、手際よく嘔吐物を処理してしまいました。これまで培った下戸の手腕を大いにふるい、てきぱきと対処したわけです。

以来、息子の私を見る目が変わりました。それまではあまり口も利かなかった息子が、「親父、すごいな」と敬うようになったのです（笑）。人生、何が幸いするかわからないものです。おかげさまで息子の友人はすぐに回復しました。

さけのみが　酒《さけ》にのまるる　世《よ》の習《なら》ひ　のまれぬやうに　のむが酒《さけ》のみ

（小山駿亭『心学いろはいましめ』）

本当の酒呑みは、酒に飲まれないものです。飲みすぎにはくれぐれもご用心を。

作者紹介

小山駿亭《こやましゆんてい》　江戸時代後期の武士。書家として私塾を経営、庶民の教育にも尽力した。訓話をまとめた『心学いろはいましめ』を著し、『印篆貫珠』二十巻を編纂した。一七八四（天明四）年―一八三五（天保六）年。享年五十二

✳ ゆるぎないものを人生のよすがとする

幾度《いくたび》か　思《おも》ひ定《さだ》めて　かはるらむ
頼《たの》むまじきは　心《こころ》なりけり

（北条時頼『可笑記』）

大変有名な歌です。

「これだ」「こうしよう」と何度も思い定めておきながら、やはり、変わってしまう。心ほど頼みにならないものはない――。誠にその通りです。心については次のような道歌もあります。

心《こころ》こそ　心迷《こころまよ》はす　心《こころ》なれ　心《こころ》にこころ　心《こころ》ゆるすな

（作者不詳『鳩翁道話』）

また、心は移りゆく雲にもたとえられています。

移《うつ》りゆく　初《はじ》め終《おわ》りや　白雲《しらくも》の　あやしきものは　心《こころ》なりけり

（作者・出典不詳）

刻々と形を変える雲はどこがはじめで、どこが終わりなのかもわかりません。同じように心も不確かなもので、信用ならないと道歌は指摘しています。

「百舌《もず》の早贄《はやにえ》」をご存じでしょうか。百舌は、ほかの鳥には見られないある特殊な習性があります。餌として捕ったバッタや蛙、トカゲなどを、すぐに食べずに、枝に串刺しして、餌が減る冬に備えて保存しておくのです。なお、「贄」とは食べ物のことです。

百舌の早贄について、お釈迦《しやか》様は次のような説法をされています。

「百舌は、早贄した場所を、雲の形を頼りに覚えて『あの丸い形の雲の下を探せば、とっておいたバッタにありつける。あの菱形の雲の下にある枝にはトカゲを刺してある』と覚えているのだ。ところが、雲は風とともに動き、形を変え、流れ去ってしまう。ゆえに、いざ食べようと思ったときには、目印の雲が流れ去り、蛙やトカゲを見つけられない。だから百舌はせっかく餌を集めても、ついに見つけることが叶わず、ひもじい冬を迎えるのだ。百舌とは何と気の毒な鳥であろう」

財産、名誉、地位、家族、友だち……。永久に続くものは何一つありません。けれども私らは、それらをよりどころとして生き、これを頼りとして安心を得ます。これではまるで、雲を目印にする百舌と同じです。

お釈迦様は百舌のような生き方をするのではなく、動かざるもの、変わらざるもの、道歌でいうところの「あやしからざるもの」をよすがに生きるよう、おっしゃっているのです。

では、あやしくないものとは何か。それは目に映らぬ世界の存在です。

私は、神仏は絶対にいらっしゃると確信しています。確かに、神仏は目には見えません。奇跡も、誰もがわかる方法ではお起こしになりません。ゆえに、神仏こそがあやしきものだと思われる方もいるでしょう。それでも、神仏はいらっしゃるのです。そうでなければ、神社仏閣が千年、二千年もの長きにわたって続くはずがないではありませんか。

神仏のようにゆるぎないものを支えにしたとき、今まで見えなかった世界が見えるようになります。そしてそれは、何事も神仏という真実に照らし合わせて生きていくということでもあります。苦しいときも、つらいときも、悲しいときも、神様や仏様がおられると信じているからこそ乗り越えられるのです。

しかし、宗教に依《よ》って身を滅ぼす人もいます。信仰とは常識で推量せねばなりません。常識とは天から授けられた叡智なのです。常識で考えてオカシイ信仰はあやしい。人を殺すことをよしとするような宗教などあったものではありません。教えを曲解する者がいるから、オカシイ信仰が生まれます。教えを曲解するようなものに惑わされず、ゆるぎないものを支えにしましょう。

作者紹介

北条時頼《ほうじょうときより》　鎌倉時代中期の幕府執権。北条時氏の次男で、鎌倉幕府第五代執権。第八代執権・北条時宗の父。出家後は最明寺殿《さいみょうじ》、最明寺入道と呼ばれた。幼い頃から聡明で、一二四六（寛元四）年に兄の経時より執権の地位を譲られる。同年、前将軍・藤原頼経らの反対派を一掃し、執権としての地位を磐石なものとする。五六（康元元）年に執権を譲り出家するが、実権は握り続けた。出家後、諸国をまわって民情視察をおこなったという逸話があるが、定かではない。一二二七（安貞元）年―六三（弘長三）年。享年三十七

✳︎人生に油断は禁物

としを経《へ》て　うき世《よ》の橋《はし》を　見《み》かへれば
さてもあやうく　わたりつるかな
（作者不詳『鳩翁道話』）

来し方を振り返るとき、たいていの方が、「紆《う》余《よ》曲《きょく》折《せつ》があったよなあ。よくもまあ、ここまで来たものだ」といった感想を抱かれるのではないでしょうか。道歌の作者も同じ感慨を覚えたようです。

年をとり、これまで歩んできた浮世の橋を見返ったなら、自分は何と危ういところを渡ってきたのだろう——というのがこの歌の意味です。

もう一首、人生について詠んだ道歌をご紹介します。

きのふけふ　飛鳥《あすか》の川《かわ》の　丸木橋《まるきばし》　よくふみしめて　渡《わた》れもろ人《びと》

（二宮尊徳『二宮尊徳翁道歌集』）

「飛鳥」の「あす」は「明日」の掛詞です。人生は丸木橋のようにつるつるとして歩きにくく、油断したらあっという間に踏み外して川に落ちてしまうかもしれない。だから、一日一日しっかりと踏みしめていきなさい――。二宮尊徳翁はそう注意を促しておられます。

再春館製薬所の西川通子会長がこんなことを言っておられたことを覚えています。

「人生には上り坂があれば下り坂もある。下り坂になってから打つ手を考えていてはもう遅い。上り坂のときにこそ、下り坂になったときのことを考えておかねばならん」

上り坂は進むのにゆるやかですが、下り坂を行くときは、加速がついてあっという間です。対策を練る時間などはありません。
次のような道歌もあります。

かしこきは　やすきにいても　あやうきを　わすれぬよりぞ　あやまちはなし
（寒河正親『子孫鑑』）

賢人は、平和なときであっても危難を忘れません。ゆえに、失敗もしません。見習いたいものです。

作者紹介
二宮尊徳《にのみやそんとく》　江戸時代後期の農村復興の指導者。通称は金次郎。尊徳の正式な読みは「たかのり」。相模国足柄上郡栢山《かやま》村生まれ。十四歳のときに父を、十六歳のときに母を亡くし、災害で田畑を失うが、苦学して家を独力で再興した。その後、小田原藩に登用され、興国安民を実現する仕法を体系化した。尊徳の思想は「報徳思想」と呼ばれ、人は天・地・人の徳に報いるために徳行を実践することを提唱した。一七八七（天明七）年―一八五六（安政三）年。享年七十

寒河正親《さむかわまさちか》　江戸時代初期の教訓的読み物の作者。『子孫鑑』などの著書がある。生没年不詳

＊目の前のことに努める

この秋《あき》は　雨《あめ》か嵐《あらし》か　知《し》らねども
けふのつとめに　田《た》草《くさ》とるなり

（二宮尊徳　出典不詳）

息子の部屋に、右の道歌を書いた色紙を飾っておきました。

この秋は、雨や嵐が続いて不作になるのだろうか。はたまた豊作になるのだろうか。それは誰にもわからないけれども、今はとにかく手を抜かずにコツコツと、目の前にある田んぼの草とりをしよう——という意味です。

私の大好きな道歌の一つです。

皆さんは歩荷《ぼっか》をご存じでしょうか。歩荷とは、重い荷物を背負って山へ上げる人たちのことです。以前、テレビ番組で歩荷の暮らしぶりを紹介していました。六十キロ、七十キロもの荷物を担ぎ、険しい山道を黙々と歩いて行く。その姿を見て感じ入りました。ひたすら歩めば至るのだ、と。道のりは途方もなく長く、荷はあきれるほどに重くても、一歩一歩足を運び続けていれば、必ず目的の地にたどり着くのです。

以来、「只只《ただただ》歩めば至る」と色紙に書いて眺めております。

文楽の『菅原伝授手習鑑《すがわらでんじゅてならいかがみ》』には、「一日一字学べば三百六十字」というせりふがあります。一日に一字ずつ覚えれば、一年で三百六十の文字を覚えられる、という意味です。毎日いくつもの文字を覚えようとせず、確かに一文字をわが物として習得する。

その積み重ねが大きな成果をもたらすのです。

まだ見ぬ未来についてあれこれと思い悩んでも仕方ありません。お天道《てんとう》様に背くようなことをせずに真面目に暮らして行けば、充実した人生を送ることができるでしょう。
一日一日を、噛《か》みしめ、踏みしめ、歩んでいくことが尊いのです。

✳︎ 善きも悪しきもどこかで誰かに見られてる

世《よ》の中《なか》の　人《ひと》は知《し》らねど　科《とが》あれば
我《わ》が身《み》を責《せ》むる　我《わ》が心《こころ》かな

（作者不詳『心学道之話』）

あなたが何かしら秘密の罪科を抱えているとしましょう。それを知る人は一人としていません。けれども、ほかでもないあなた自身が、あなたの悪行を覚えています。ゆえに、自分で自分を責める事態になる。この歌は、「誰もわからないだろうと思って悪事を働くな」と諭《さと》しているのです。

「お天道様が見てござる」という言葉もあるように、どこかで誰かが必ず見ているのです。これは何も悪いことだけに限りません。

十年も前の話です。友人である薬師寺の大谷徹奘《てつじょう》師に「岡本先生にぜひ紹介したい男性がいる」と言われました。どんな人なのかを伺うと、喜多生一良君といい、実家は老舗の和菓子屋で、本人も長く和菓子の修業を積んでいるとのことでした。

注文の饅頭《まんじゅう》をお客さんの家に届けた際、菓子を手渡したあと、頭を下げて挨拶をして帰るのは当然です。しかし、彼はそれだけでなく、辞去して戸を閉めたあとも、戸口に立ち、たとえ誰が見ていなくとも深々と頭を下げて帰るのを常としていました。

その姿を偶然にも徹奘師が見ておられて、たいそう感心され、私に紹介したいと思われたそうです。お客さんの見えないところで礼を尽くすとは、何とも立派な心がけではありませんか。

彼が独立して店を開く折には、みんなが協力して助けました。「樫舎《かしや》」という奈良きっての名店がそれです。

樫舎は良質な材料を仕入れるために、北海道や青森まで自ら買い付けに行く手間を惜しみません。さらに、買い求める際は最も佳《よ》いものを最も高値で仕入れてきます。少しでも安くしようと思って値を叩くのは世の常ですが、わざわざ高値で仕入れるとは。私が驚いていると、喜多君は「先生に教わったんですよ。以前私に、春日大社のご造替のお話をしてくださったでしょう」と言うのです。

春日大社では、二十年に一度、神殿を修築します。これを式年造替といいます。私がご造替を仰せつかった折には、古式に則《のっと》って神様の調度品もすべて一新させていただき、神様に捧げるにふさわしい最高級の調度品を制作してもらいました。

これには二つの理由があります。一つは、本物を神様に捧げるため。もう一つは、優れた技術を後世に遺すためです。より高度な技術をもつ職人さんが生活できなければ、継ぐ人がいなくなってしまいます。先人たちより受け継ぎ、磨き上げた技芸が廃れてしまいます。それを何としても防ぎたかったのです。

「先生のお話を聞いて私も見習わなくてはと思いました。以来、取り引きさせていただく農家さんには、努力と手間に見合うだけのお金をお支払いするようにしています」

私は自分が話したことなどすっかり忘れていました。けれども、喜多君はずっと覚えていてくれたのです。

天か地か、神か仏か、はたまたご先祖様か見知らぬ人か、どなた様かはわかりません。ただ、どこかに、私たちのおこないをご覧になっている方が必ずおられるのです。

✳ 今の日本に必要なことは「責任を果たす」という決意

世《よ》の中《なか》の　人《ひと》は何《なん》とも　云《い》へばいへ
我《わ》がなすことは　我《わ》れのみぞ知《し》る

（坂本龍馬　出典不詳）

世の人に何と言われてもかまわない。自分が成したことは自分が知っているのだから——。幕末の志士・坂本龍馬らしい、実に堂々とした歌です。私はこの歌から、責任を負う大切さをひしひしと感じてしまうのです。

江戸時代には龍馬のような人が大勢いました。自らの信念をよりどころに戦い、その責めを負って散っていった人たちです。天忠組《てんちゅうぐみ》もそうでした。天忠組は天誅組とも書きます。歴史が好きな方ならご存じかもしれません。

ときは幕末、尊皇派と佐幕派の対立が深まる中、孝明天皇による大和国（現・奈良県）行幸の計画が持ち上がります。尊皇攘夷派は、天皇の行幸を倒幕の契機にしようと目論《もくろ》んでいました。これを知り、「大和の地を手中に収め、行幸の露払いとしよう」と立ち上がった人たちがいます。天忠組です。天忠組は大和で挙兵し、文久三（一八六三）年八月十七日、五條にあった幕府の代官所を襲撃しました。そして「五條御政府」という政治機関を置き、代官所の支配地を朝廷直轄領であると宣言します。

ところがその翌日、京で政変（八月十八日の政変）が起き、尊皇攘夷派が宮中から追い出されてしまったのです。翌日、天忠組は朝敵となり、幕府からも追われる立場となります。

勤皇の志士から一気に逆賊となった天忠組は、初志を貫徹すべく抗戦を決意します。本陣を移し、さらには一千人ほどの十津川《とつかわ》郷士を味方に引き入れ、追討軍と激しい戦いを繰り広げました。もとより天忠組に勝ち目はありません。仲間を次々と失い、敗走を余儀なくされます。そのさなか、十津川郷士が揃って離反。天忠組は総崩れとなり壊滅します。

十津川郷士がなぜ裏切ったのか、疑問に思った方もいるでしょう。十津川郷士は尊王の志が厚いことで知られていました。だからこそ、一度は天忠組の呼びかけに応え、ともに戦ったのです。けれども朝廷は、天忠組を「朝廷とは関係のない叛徒《はんと》」とする布令を出しました。これを受けて、十津川郷士はやむなく天忠組を去ったのです。まとめ役だった野崎主計《かずえ》は、難が郷里におよぶのを避けるため、謝罪書をしたため、一身にその責めを負って自刃しました。主計の願い通り、郷里には一切のおとがめはありませんでした。その辞世の歌は「討つ人も　討たるる人も　心せよ　同じ御国《みくに》の　御民《みたみ》なりせば」というものでした。

天忠組に襲われた代官所にも、責務を果たした人物がいました。名前を木村祐治郎といいます。彼は天忠組の来襲をかいくぐり、一旦逃げましたが、身重の妻を救うため、再び代官所に立ち返り、妻を逃がした際に深手を負ってしまいます。

その後、知人の家を転々としますが、追っ手が迫ったことを知り、知人に難が及ぶことを避けるため、匿《かくま》ってくれている人に「自分を河原に放り出し、その足で天忠組を呼びに行ってくれ」と頼みます。「いずれ自分は捕まるだろう。自分が捕らえられたなら、匿ってくれた人々にも危難が降りかかる。それは絶対に避けなければ……」。そう考え、祐治郎は自分を敵に差し出すよう言ったのです。後日、祐治郎は天忠組に殺されます。

野崎主計と木村祐治郎。二人の行動を皆さんはどう思われるでしょうか。

かつての日本人は、責任の所在がはっきりしていました。立場や身分にかかわらず、誰もが自分の責任をしっかりと受け止め、他人に転嫁するような真似《まね》は決してしませんでした。現代はどうでしょうか。私たちは今、先人に恥じない生き方ができているのでしょうか。

作者紹介

坂本龍馬《さかもとりょうま》　幕末期の志士。土佐国高知藩の郷士の子として生まれ、一八五三（嘉永六）年に剣術修業のために江戸の千葉道場で北辰一刀流を修める。翌年、帰国するが、六二（文久二）年に脱藩。江戸で高杉晋作らと交流し、勝海舟に強い影響を受け、門人となる。六六（慶応二）年に薩長連合の盟約成立に貢献する。長崎で亀山社中という海運業を起こし、やがて高知藩公認の海援隊としてその指揮をとる。六七（慶応三）年、前高知藩主・山内豊信《とよしげ》を動かして大政奉還成立に尽くすが、その一ヵ月後に京都の近江屋で暗殺された。一八三五（天保六）年―六七（慶応三）年。享年三十三

第三章 災いを幸せの種にする

✳ 不幸を、不幸のままで終わらせない

霜《しも》枯《が》れと　見《み》しも恵《めぐ》みの　露《つゆ》を得《え》て
緑《みどり》にかへる　庭《にわ》の若草《わかくさ》

（作者・出典不詳）

霜で枯れてしまったと思っていた庭草が、露に濡れて息を吹き返す――。このように、何が起こるかわからないのが世の常です。

昔むかし、中国の北方の塞《とりで》の近くに一人の翁《おきな》がいました。ある日、翁の飼っていた馬が塞の向こうへ逃げてしまいます。近所の人々は翁を気の毒に思い慰めましたが、当の本人は「これが幸いになるかもしれない」と気にもしません。近所の人々には翁の考えが理解できませんでした。ところが、しばらくして逃げて行

った馬が帰ってきます。しかも、北方産の名馬を連れて。翁の言う通り、不幸が幸福に転じたのです。

後日、翁の息子は、名馬から落ちて足を骨折します。しかし、おかげで、息子は後に戦乱が起きた際に兵役を免れ、生き延びることができました。

以上は「人間万事塞翁《さいおう》が馬」の故事です。

人生は往々にしてままならぬことがあります。不幸せだと思っていた出来事が幸せを呼ぶこともあれば、幸福が災いを招くこともあるでしょう。だからといって、運命に身を委ねるばかりではいけません。不幸を不幸のままで終わらせないよう行動しなくては。

つらい目に遭った人に、私は常々こうお願いしています。

「あなたに降りかかった不幸を、不幸のままにしておかないように。あなたがそのまま不幸になれば、その出来事は間違いなく不幸の種や。しかし、あなたが災いを糧に幸せになったのなら、それは幸せの種であったということや」

以前、職場でのストレスが原因でうつ病になった人にも、同じ話をしました。うつ病はつらいものです。私もかつて、パニック障害を経験したことがありますから、心の病の苦しさはよくわかるつもりです。それは出口の見えない苦しみなのです。

うつ病になったという、その一面のみを見たら確かに大変な災難でしょう。けれども、うつ病が回復したあとに、自身がどうやって困難を乗り越えたのかを人に伝え、同じような悩みを抱える人の役に立てたならどうでしょうか？　うつ病という経験は幸いの種になったといえるのではありませんか。

いかなるときも、不幸を不幸のままで終わらせないという心意気を持ちたいものです。

❊ 悲しんで暮らすのも、楽しんで暮らすのも同じ一生

なにひとつ　とどまる物《もの》も　ない中《なか》に
ただ苦《くる》しみを　とめて苦《くる》しむ
（作者不詳『松翁道話』）

この世は川のようにとめどなく流れゆきます。歴史も、人生も、心の中でさえも、変わらないものは一つとしてありません。万物は流転する。森羅万象の摂理です。しかしながら、唯一、多くの人が留めているものがあります。それは苦しみです。苦しみや怨み、悲しい思い出を手放しなさい。道歌はそう教えているのです。

「そんなに簡単に手放せたら苦労しない」と、憤る人もいるかもしれません。け

れども、苦しいと思うのも、楽しいと思うのも、心一つがなすわざ。結局は自分の心がけ次第ではないでしょうか。

講演などで日本のあちこちを訪れる機会が多い私ですが、実は、旅があまり好きではありません。出張が続くのは正直しんどい。「また出張か、嫌やなあ」と遠出のたびに嘆いていました。ただ、ある日ふと、「嫌や嫌や思わんで、楽しまなアカン」と思ったのです。ここにも、あそこにも行ける。そう考えて仕事をしないともったいない。このことに気づいてからは、出張が億劫ではなくなりました。

悲しんで暮らすのも一生です。

楽しんで暮らすのも一生です。

であれば、楽しまなければ不幸だとは思いませんか。

視線を少し変えるだけで、どうしようもなく苦だったことが、楽になることもあります。

✳︎合理化と引き換えに失っていくものがある

急《いそ》がずば　ぬれざらましを　旅《たび》びとの
あとより晴《は》るる　野路《のじ》の村雨《むらさめ》

（太田道灌『暮景集』）

「村雨」はにわか雨、驟雨《しゅうう》のことです。旅人が通り過ぎたそばから雨が止んでいく様を見て、「急がなければ濡れなかっただろうに」と太田道灌はつくづくと人生を重ね合わせて詠んでいます。「急がば回れ」「急いては事をし損じる」に通じる歌です。

無駄を嫌ってひたすらに近道を急ぎ、ただ突き進むだけの人生は実に味気ないものです。人生という道を歩むときには、たまには摘み草をし、花を愛《め》で、鳥の鳴き声を楽しむ。そんなゆとりをもちたいものです。

昔の日本には、そこかしこに「余白」と「遊び」があり、また、それらを受け入れるだけの「ゆとり」がありました。

床の間などは最たる例でしょう。

お軸を飾り、花を生ける。床に向かうそのひとときは、忙しい毎日にあって、自分と静かに向き合う貴重な時間となります。本来「床」は神仏を祀り、素晴らしい言葉を掛けて人生を磨き、心を練る場所であったのです。ところが、近頃の人々は、床の間を無駄な空間と考え、収納スペースに作り替えてしまう。何とも残念なことです。

そもそも日本画は、空間を大切にします。

中でも、平安時代に発達した日本独自の大和絵には、画面の一部が雲のようなもので覆われている作品がたくさんあります。これは何も、画家が手を抜いているわけではありません。この雲は「すやり霞《がすみ》」あるいは「やり霞」と呼ばれ、画面に遠近感を与えたり、場面を転換したりする効果があります。目に見えるものを緻密に描かずに、あえて見えない部分をつくり、見る人が想像を広がらせる余地を残しておくのです。何とも日本らしい技法だと思いますし、ここに心の遊びがあります。

あるとき、タクシーの乗務員さんと次のような話をしました。

かつて、花嫁が嫁入り道具を嫁ぎ先に運び込む際には、タクシーが先導し、家財道具を積んだトラックが続いたものです。おめでたいことだからと、タクシーの乗務員さんには花嫁の両親がご祝儀の金封を渡し、予備にいくつものご祝儀を渡しておきます。もちろんトラックの乗務員さんにもご祝儀を渡します。

もしも道中の細い道で対向車と向き合ってしまったら、すれ違うことができないので、どちらか一方が後戻りしなければなりません。けれども、花嫁の荷を積んだ車が後ろに下がることは、出戻りを意味して縁起が悪いとされます。ゆえに、先頭を行くタクシーの乗務員さんは、いくばくかのお金を包んだ祝儀袋を相手に渡して下がってくれるようお願いしたのです。

面倒ではありますが、とても素敵な慣習だと思いませんか。しかし残念ながら、この風習は廃《すた》れてしまいました。

それから、葬儀でタクシーを利用したら乗務員さんにも「心づけ」の金包を渡して供養したものです。若い世代の方は、こうした習わしがあったことすら知らないのかもしれません。近頃は乗務員さんへの心づけやご祝儀などはほとんどないそうです。

私たちはとかく、先人が築いてきた文化や習わしを、「意味がない」のひとことで切り捨ててしまいがちです。けれども、それと同時に、息をつく余裕や、相手の心情を察する力、他者と喜びを分け合う豊かさといった宝をも、手放してしまっているのではないでしょうか。伝統文化や日本らしさというものを、今一度、見つめ直さなくてはいけません。

もう一つ、冒頭の道歌から読み取れる大切な情報があります。それは、前にも述べたように、人生には「待つ」ことも必要だということです。

亀は危険が迫ったときには甲羅の中に手足を隠し、嵐が過ぎるのを待ちます。出撃するばかりが能ではありません。「三十六計逃げるにしかず」も大切な戦法の一つなのです。

✳ 言葉一つで幸せにも不幸せにもなる

人間《にんげん》は 耳《みみ》が二《ふた》つに 口一《くちひと》つ
多《おお》くも聞《き》いて 少《すこ》し言《い》ふため

（作者・出典不詳）

人間には、耳が二つ、口が一つあります。右の歌によれば、これは、たくさん聞いて少し語るためなのだそうです。生来多弁な私には何とも耳の痛い忠告です。こんな道歌もあります。

おそるべし　鎗《やり》より恐《こわ》き　舌《した》の先《さき》　是《これ》がわが身《わ》を　突《つ》きくずすなり

（脇坂義堂『やしなひ草』）

この歌は、「鎗より恐いのは舌の先である。使い方を間違えると、我が身をほろぼすことになる」という意味です。言葉というのはたいそう便利ですが、反面、厄介でもあります。世に起こる災いの多くは、発せられた言葉が原因であるといっても大げさではないでしょう。

日本の神々は清浄を好まれます。かつては、神様にお参りする前には川や泉に身を浸し、禊《みそぎ》をするのが習いでした。世界文化遺産への登録が決まった沖ノ島では、今でも、上陸する人間は一糸まとわぬ姿になって海中で禊をしなくてはいけません。

こうした伝統が次第に簡略化され、出来上がったのが「手水《ちょうず》」の作法です。神社を訪れたら、まず、境内の手水舎《ちょうずや》で手と口に水を注ぐでしょう。ではなぜ、「手」と「口」なのでしょうか。それは、人間が悪いことをする原因は、手か口が作り出すからです。

日本人は昔から、言葉には言霊《ことだま》が宿っていると考えていました。ふと口にしたことが現実となります。それは決して珍しい出来事ではありません。

祖母から聞いた話です。

私の故郷では、八月七日の盆はじめである「七日盆《なぬかぼん》」に村中の人が集まって、墓所の手入れをしています。昔、草刈りを終えて美しくなった墓地を眺めていた人が「誰が最初にここへ入るんやろうなあ」とつぶやいたといいます。すると後日、当の本人が、真っ先にそのお墓に入ることになったそうです。

「こんな仕事は早く辞めてしまいたい」とか、「もう十分生きたから、さっさとお迎えがきてくれたらいいのに」などと戯れにつぶやいていたら、言った通りになったという例を何度も見てきました。「言い当たる」といいますが、まさに自分で自分の未来を言霊で左右してしまったということになるのでしょう。

一方、祝いの言葉を発して幸運を祈ることを「言祝《ことほ》ぐ」といいます。

口から発する言葉には、よくも悪くも不思議な力があります。人を幸せにするのも、まずは言葉からにほかなりません。

作者紹介

脇坂義堂《わきさかぎどう》　江戸時代中期～後期の心学者。京都の町家で生まれ、手島堵庵《とあん》・布施松翁について石門心学を学ぶ。その後、江戸人足寄場《にんそくよせば》の教諭として活動するとともに、各地で心学の普及につとめた。『おしへの小槌』などの著書がある。生年不詳―一八一八（文政元）年

＊「若い頃よりも素敵ですね」と言われる人になる

骨《ほね》かくす　皮《かわ》には誰《だれ》も　迷《まよ》ひけむ
美《び》人《じん》といふも　皮《かわ》のわざなり

（蜷川親当『一休和尚伝』）

「骨をかくす皮」とは皮膚、つまりは顔の造作のことです。見た目がいい人に誰もが心迷わされるけれども、美人というのも、ただ皮一枚の話にしか過ぎない――。言われてみれば、これほどもっともな話もありません。

次のような道歌もあります。

色《いろ》といふ　上《うえ》べの皮《かわ》に　はまりては　世《よ》を渡《わた》らずに　身《み》を沈《しず》める

（脇坂義堂『御代の恩沢』）

「容姿という上辺の皮にばかり夢中になっていては、やがて落ちぶれてしまうだろう」という意味です。

どちらの歌も、外見に執着する愚かさを戒めています。これはつまり、世の人は常に姿形に惑わされているという証です。状況は今も変わりません。アンチエイジングやら、美魔女やらという言葉が流行し、誰も彼もが、より若く、より美しく見せることに必死になっているのですから。

「何歳になっても美しくありたい」と願う気持ちは、決して悪くはないと思います。とはいえ、朽ちていく肉体を過度に留めようとする姿は、やはり、美しいとはいえません。

顔は年輪です。変わるのが当たり前なのです。どれほど年月を経ても一切変わらないなんて、どう考えてもおかしいのではないでしょうか。

老化も、そして病気も、何よりも苦しみも悲しみも刻まれていくのが容貌であり、かつ、それを受け入れる度量が必要です。そもそも、変わることは必ずしも悪いことばかりではありません。たとえば、道端に咲く可憐《かれん》な花に、前だけを見据えて颯爽《さっそう》と歩く若人は気づきもしないでしょう。けれども、老いて歩みがたどたどしくなると、「こんなところにも花が咲いていたんだなあ」と気づけるようになります。

保山《ほざん》耕一さんという映像作家がいます。フリーカメラマンとして、「情熱大陸」をはじめとする人気テレビ番組を数多く手がけてこられました。ところが、二〇一三年にがんが発覚しました。

現在はがん治療を続けながら、ビデオカメラをもって「奈良には三百六十五の景色がある」と素晴らしい景観を撮影されています。この保山さんの映像は本当に素晴らしいのです。「奈良にこんなにきれいなところがあったのか」「この場所はこれほど美しかったのか」と、目を開かれるような、息を飲むような作品ばかりなのです。そんな作品を拝見していると、涙が自然とこぼれ落ちます。保山さんによると、撮影機材はがん発覚前よりもずっと安いものを使っているとのことです。

そんな保山さんの姿を見て、私は菘翁《すうおう》の晩年を連想しました。

「幕末の三筆」に数えられた貫名海屋《ぬきなかいおく》は、号を菘翁といい、大変な書の名人でした。菘翁は書の技を究めに究め、修めに修めましたが、八十を超えてから中風を患い、筆を持つことさえ叶わぬ状態になりました。けれども、書を捨てることはできず、やっと握った筆を用い、渾身《こんしん》をもって作品を書き上げました。

その頃に書かれた独特の筆遣いの作品は特に「中風様《ちゅうふうよう》」と呼ばれ、菘翁の最高峰として知られています。菘翁は病を得てからもなお、技法や書法を超えた「神品」を遺しました。

保山さんの生き方もまさにその通りです。高度な性能の機械を超越する、彼の体中に充満したあらゆる技法を超絶する何かが、とてつもないものを生むのです。彼の映像は「神品」です。

病や老いによって何かを失ってはじめて目える世界、たどり着ける境地が、この世にはあるに違いありません。それはただただ一途に道を追求した人にしか到れぬ境地です。

年をとったほうが美しい人がいます。

化粧はいずれはがれ落ち、面の皮は衰えます。それが自然の摂理です。けれども、内面の輝きは一生もので、化粧にも、面の皮にもはるかに勝ります。それは、摂理を超える超絶の世界を得たということです。つまり内側から満ち溢れる素晴らしさが老いを超える美しさを紡ぎ出すのです。「若い頃よりも素敵ですね」と言われる人を目指したいものです。

作者紹介

蜷川親当《にながわちかまさ》　室町時代中期の武士・連歌師。法名は智蘊《ちうん》。幕府の政所代をつとめる。和歌を正徹《しょうてつ》に、連歌を梵灯庵《ぼんとうあん》に学ぶ。自撰の連歌集に『親当句集』があり、『竹林抄』などに多数の作品が載る。一休宗純と親交があり、近世の『一休咄《ばなし》』にも登場する。生年不詳―一四四八（文安五）年

✳ 学べば学ぶほど、自分の無知に気づく

> をりをりに　遊《あそ》ぶいとまは　ある人《ひと》の
> いとまなしとて　文《ふみ》よまぬかな
>
> （本居宣長『鈴屋集』）

遊んでいる人に限って「時間がないから」と言って本の一つも読まないものだ――という意味の歌です。

本の一つも読まない、とは、要は「ちっとも学ぼうとしない」ということです。本を読む。人の話を聞く。見知らぬ土地を訪れる。学びにはいろいろな形がありますが、何かを知り、学ぶことに、無駄は一つもありません。

たとえば、手紙の正しい書き方を知らなくても人は生きていけます。メール全

学びに卒業はありません。生涯、勉強なのです。
鎌倉時代の名僧で、西大寺《さいだいじ》の中興の祖・叡尊《えいそん》上人の学びに対する教示をご披露しておきたいと思います。上人が弟子に示された数々の教えを書き取った『興正《こうしょう》菩薩《ぼさつ》・御教誡《きょうかい》聴聞集《ちょうもんじゅう》』という書物があります。名文ですので、原文を示します。

或時《あるとき》ノ御教訓云《にいわく》、学問スルハ心ヲナヲサム為ナリ。当世ノ人ハ物ヲヨク読付《よみつか》ムトノミシテ心ヲナヲサムト思ヘルハナシ。学問ト申《もうす》ハ、先其《まずそ》ノ義ノ趣ヲ心得テ常ニ我心ヲ聖教《しょうぎょう》ノ如《ごと》クナリヤ否《いな》ヤト知《しる》ナリ。我心ヲ聖教ノ鏡ニアテテ見ルニ、教《おしえ》ニ背クトコロヲハ止メ、自ラアタルヲバ弥《いよいよ》ハゲマシ、道ニスヽムヲ学問トハ申ナリ、只暫《ただしばら》ク文字ヲバイツモ読付《よみつけ》ラレヨ。先イソギ各《おのおの》心ヲ直サルベシ。心ヲ直サヌ学問シテ何ノ詮カアル。イカニ聖教ヲ習《ならう》トイヘドモ、菩提心《ぼだいしん》ナキ人ハ冥加《みょうが》ナキ也。只ヨロヅヲ差置《さしおき》テ菩提心ヲ発《おこし》テ、其上《そのうえ》ニ修行スベシ。足手《あして》ヲ安不《やすんぜず》シテ修行スルヲバ所依《しょえ》ト名《なづ》ク。心ヲ直スヲモテ修行ノ源トスベシト云々《うんぬん》。

「学問をするのは心を直さんため」とのひとことは胸にささります。

要点を現代語に訳すと、次のようになります。

○学問をするのは自分の心を直すためである。

○世の人は知識を求めることにのみ心して、心を正そうとする者はいない。

○学問とは、その真義が何であるのかを考えて、自らの心が正しいのか、間違っているのか、真理の鏡に照らして、誤りは正し、よいところはますます伸ばして努力することをいうのである

○勉強にいそしみながら、心を直していくのである。心が美しくならぬような学問をして何の益があろうか。

○いくら勉強にいそしむとも、向上心のない者、人のため・世のために生きようとする心のない者には天地の加護は与えられず、運にはめぐりがたいのだ。

○つまらぬことを思わず、気宇壮大な生き方を目指して、日々修行だと思い、苦しいことから逃げず、それを乗り越えて行かねばならない。
○机上の学問ではだめだ。手足を休めず修行する。つまり実践あるのみである。修行とはおこなうこと、活動すること、実践に向かって行動していくことである。そして心と身体のバランスがとれていなければならない。

成功も勉強となり、失敗も勉強になります。素晴らしい人になることほど難しいことはありません。けれども、難しいからといって弛《たゆ》んでいたのでは、いつまでたっても実現できません。人を活かすために、そして、自分を活かすために学び続けましょう。

作者紹介
本居宣長《もとおりのりなが》　江戸時代中・後期の国学者、医師。伊勢国松坂の木綿問屋に生まれるが、家業に関心がなく、医師を目指して京都へ遊学する。堀元厚に入門し、医学を修める一方、堀景山のもとで儒学を学ぶ。やがて賀茂真淵と出会って『古事記』の研究に取り組み、約三十五年の歳月をかけて一七九八（寛政一〇）年に『古事記伝』を完成させた。門人が多く、自宅の鈴屋《すずのや》で講義したことから鈴屋大人《すずのやうし》と呼ばれた。著書はほかに『源氏物語玉の小櫛』『玉勝間』『馭戒慨言《ぎょじゅうがいげん》』などがある。一七三〇（享保一五）年―一八〇一（享和元）年。享年七十二

✳ 教えてもらって覚えるか、失敗から学ぶか

知《し》らぬ道《みち》 知《し》ったふりして 迷《まよ》ふより
聞《き》いて行《い》くのが ほんの近道《ちかみち》

（作者・出典不詳）

知らない道で知った振りをして迷うより、誰かに聞いたほうが近道である――。

「聞くは一時の恥　聞かぬは一生の恥」という言葉もあるように、知ったかぶりをしたせいで道に迷うのは時間の無駄です。「教えてください」の一言が言えないがために、知識や教えを得る機会を逸するのは得策ではありません。

ただ、何かにつけて人を頼み、聞いてばかりというのもいかがなものでしょうか。また、失敗したほうが本人のためになる場合もあります。

神主時代の話です。

その日はお祭りがあり、私は参進の先導役を仰せつかっていました。参進というのは、神職やお祭りの関係者が列をなして進むことをいいます。参進の速度は先導役の歩く速度で決まり、速すぎても遅すぎてもいけません。

学校では、「ひと息に二歩進む」という具合に教わります。けれども、その通りにやると、先輩方に「遅すぎる」「速すぎる」とお叱りを受けます。神社ごとに妥当な速さというのがあるからです。ただ、新米の私にはそれがわかりませんでした。思い切って先輩（元・大神《おおみわ》神社権宮司の故・越義則氏。当時、春日大社で私の上司）に尋ねると、「宮司の歩幅がその神社の参進の速度や。ちなみにうちの神社の場合は、『鳩ぽっぽ』の歌に合わせて歩くとちょうどいい」と教えてくれました。早速試してみたら、なるほど、ぴったりです。

学校の教えに固執せずに先輩に聞いたおかげで、私はすぐに参進のコツを習得できました。まさに、冒頭の道歌の通りになったわけです。

さて、参進が始まり、しばらくはつつがなく運んでいました。足並みも揃っています。ところが、ある橋の手前に来たところで困ってしまいました。道が二つに分かれています。右に行くべきか、直進して橋を渡るべきか、知らなかったのです。私は思いきって右に進みました。誰もついてきません。しまった、間違えた！　そう思った瞬間、「馬鹿者！」と怒声が飛んできました。大勢が見ている中で、私は上司の一人に猛烈に怒られたのでした。

あのときの焦り、そして恥ずかしさ。四十年近く前の出来事ですが、今でもはっきりと覚えています。ただ、おかげで、参進の道順を誤るような失態は二度と犯しませんでした。

わからないことがあれば素直に教えを請う。これが基本です。

ただ、苦労せずに得た知識や教えは、案外、身につきません。ですから、聞かずに失敗するのもまた、大切なのです。一度しくじれば、それは胸に深く刻まれ、五臓六腑《ごぞうろっぷ》にしみわたり、やがて自分の糧となります。

一方で、教える側の人間も、聞かれるままに教えてあげたほうがいいのか、黙って見守るべきなのか、よくよく考えなくてはいけません。もちろん、「あいつは気に入らないから」という性悪な気持ちから失敗させるのはもってのほかです。しかし、相手のためになるという確信があり、なおかつ、失敗の責任を一緒に負う覚悟があるのなら、あえて挫折を経験させるのも年長者の役目ではないでしょうか。

愛をもって人を導くことです。叱ればよいか、見守ればよいか、あるいは優しく諭すのか。その選択はすべて、その人に対する愛情をもって決めればよいと思っています。

優しくすればつけあがる。厳しくすればヘコんでしまう。とかく「生き物」は難しい。難しいがゆえにやり甲斐があるというものです。

第四章

心の器を大きくする

✳ 人から受けた恩は忘れない

恩《おん》をして　恩《おん》きせがほに　奢《おご》りなば
恩《おん》にはならで　恨《うら》みとぞなる
（作者・出典不詳）

私たちは、人にしてあげたことはよく覚えています。

「あいつは俺が育ててやったんだ」

「あの人の成功は私のおかげだ」

自分が売った恩は、何十年経とうが決して忘れません。年をとればとるほどその傾向は強くなるようです。

知り合いに、大企業の重役をつとめたあとに関連会社の社長となり、業績回復に大いに貢献した方がいます。彼は現役の頃は大変に慎ましやかで、恩着せがましいせりふは毫《ごう》も言いませんでした。それが、引退し、齢《よわい》八十を超えた途端に一変してしまい、鼻につく自慢話が増え、二言目には「俺のおかげ」と言うようになったのです。

私たちが懸命に働くのは、周囲に認めてもらいたいためなのです。だからこそ、年をとったり、リタイアしてしまったりして、仕事、つまりは認められる場所を失うと、どうにかして認めてほしいと思うようになります。自分の功績をやたらと吹聴するのはその表われにほかなりません。

恩の話に戻りましょう。

私たちは自分が誰かに与えた恩はいつまでも記憶に留めています。

では、人から受けた恩はどうでしょうか。これが実に簡単に忘れてしまう。

「自分はひとりでここまでやってきたのだ」「成功できたのは自分の努力の賜《たまもの》だ」

とうぬぼれている人の多いこと。しかし、それでは駄目だと右の歌はいっているわけです。

恩を施したからといって、恩着せがましい顔でおごってはいけない。そんなことをしたら、相手にとって恩は恩ではなく、恨みになってしまう——。要は、人から受けた恩は大切にし、自分がしてあげたことは恩と思うな、ということです。人生における金言だと思いませんか。

かの有名な二宮尊徳も、恩について次のような歌を詠んでいます。

昨日《きのう》まで　食《く》らふ御恩《ごおん》は　忘《わす》るとも　今日《きょう》食《く》ふ事《こと》は　忘《わす》れざりける

（二宮尊徳　出典不詳）

いただいた恩は忘れてしまうのに、今日食べることは忘れないものだ、という意味です。受けた恩というのは、かくも忘れやすいものなのです。親の恩がよい例でしょう。私たちは、親から受け取る恩になかなか気づきません。気づいたとしても、すぐにほかの事柄に心を奪われてしまいます。そして、自分が親になってようやく、親から数え切れないほどの恵みをいただいていたのだと思い当たるのです。

二宮尊徳はまた、こんな教えを残しています。

「風呂の湯は、自分のほうへかき集めようとすると、反対へと流れてしまう。しかし、向こう側へ押すとすべて自分のほうへ返ってくる」

風呂の湯を恩に置き換えて考えてみてください。

自分の向こう側、つまりは周囲の人たちに恩を惜しみなく与えていれば、それはいつか必ず自分のもとへと返ってくる。そう解釈できます。

ただし、「いつか自分のもとへ返ってくるだろう」という下心をもっておこなっては意味がありません。また、「恩を授けてやったんだ」という思いを心に残し続けるのもいただけません。自分から進んで施しをして、あとはさっと忘れる。
それが肝要です。

✳ しゃべり足りないくらいで、ちょうどいい

言《い》ふべきを　言《い》わざるもまた　言《い》はざるを
言《い》ふも道《みち》には　かなはざりけり
（松平定信　出典不詳）

言うべきことを言わない。言うべきではないことを言ってしまう。そのどちらも正しくはないと、江戸時代後期に老中をつとめた松平定信は言っています。
言ってはいけないとわかっていながら、つい言ってしまう──。誰しも経験があると思いますが、これには二つの型があります。一つは、読んで字のごとく、口外を禁じられている件を人に話してしまうというもの。もう一つは、話を聞く資格がない人や、話の価値がわからない人に言ってしまう場合です。後者を仏法

では「越法《おつぽう》」といいます。

宗教において、越法は最も心をいたすべきことです。

江戸時代前期に流行した「垂加《すいか》神道」という宗教があります。山崎闇斎《あんさい》という儒学者が、儒学と神道の教えを結合して興した教えです。その伝授書『玉籤集《ぎよくせんしゆう》』に、「祈祷は夫婦交合のように無の境地ですべきである」といった意味合いの一文があります。いうまでもなく、文章の主旨は、祈祷は無の境地でなすべしという点にあります。夫婦交合を推奨しているわけでは決してありません。夫婦の和合はまさに余念がなく無私であるがゆえに天が子を授けてくださるのだというものです。

ところが、都合よく解釈する輩というのは必ずいるもので、たとえ話として書かれている交合という行為にのみ力点をおけば「交合を重視せよ」となります。世にある邪教は法の奥処《おくが》を極められずに、浅はかな解釈をして曲解してしまう。世にある邪教はこうして生じるのです。何事につけ、口頭で言うにせよ、文書で告げるにせよ、人に何か大切なことを知らせるときは、どのように伝えるかだけでなく、誰に伝えるかも、よく考えなくてはいけません。

軽々な発言で居場所を失うというのもよく聞く話です。こんな道歌があります。

かりそめの　言《こと》の葉《は》草《ぐさ》に　風《かぜ》たちて　露《つゆ》のこの身《み》の　置《お》き所《どころ》なき

（古歌　出典不詳）

軽々しく言葉を放ったがために風が立ち、葉に宿っている露（わが身）のいる場所がなくなってしまった、という意味です。古歌とありますから、非常に古くから伝わる歌なのでしょう。

私も祖母から、「べらべらとしゃべるな」とよく叱られたものです。祖母はこうも言っていました。「すでに発した話を『言うてません』とは言えんやろう。けれども、言い足りんことは後から足せる。せやから、話は足りん目に言うておけ」と。

発言をするときは、まずは、言っていいことと、言ってはいけないことをわきまえる。次に、話すにふさわしい相手かどうかを考える。最後に、どこまで言っていいものか迷ったら言い足りないぐらいに留めておく。この三点を守っておけば、無用な誤解や争いを避けられます。

作者紹介

松平定信《まつだいらさだのぶ》　江戸時代中期~後期の大名。陸奥国白河藩主。父は御三卿の田安宗武で、八代将軍徳川吉宗の孫。一七八七（天明七）年に老中首座、翌年に将軍補佐役に就任し、寛政の改革をおこなうが、九三（寛政五）年に老中を失脚。その後は白河藩の藩政に専念し、藩校を充実させ、『白河風土記』を編纂した。一八一二（文化九）年に隠居し、楽翁と号す。和歌や絵画にも長じ、『花月草紙』『宇《う》下人言《げのひとごと》』などの編著がある。一七五八（宝暦八）年―一八二九（文政一二）年。享年七十二

✳ 慢心は破壊に通じる

つつしめよ　みつる心《こころ》は　望《もち》の夜《よ》の
月《つき》にも雲《くも》の　かかるならひぞ

（松岡みち子　出典不詳）

「望」は満月を意味します。満月に雲がかかって光をさえぎるのは世のならい。同じように、慢心しているときこそ何が起こるかわからないのだから、よくよく気をつけなさい。この歌はそういっているわけです。

とはいえ、どれほど気をつけようとも、頭をもたげるのが慢心です。こんな話があります。

鎌倉時代、京都の栂尾《とがのお》に明恵《みようえ》上人という高僧がおられました。後鳥羽《ごとば》上皇より栂尾山を賜ったほどの人物で、戒律を重んじ、何より、おごるところのまったくない人でした。

山の奥深いところには天狗《てんぐ》サンが住むといわれていますが、天狗サンは、慢心のない人の姿を見ることができぬといいます。そのため、常に慢心のない明恵上人の姿は天狗サンの目に映ることはありませんでした。

ある日、天狗サンたちはいつものように梢《こずえ》の上に座し、明恵上人がいるお寺を眺めていました。上人は御堂の中で数珠《じゅず》を片手にもち、お経をあげていましたが、天狗サンたちにはやはり、上人の姿が見えません。「今日も上人は見えぬなあ。立派なもんだ」と称えあっていました。

ところが、です。突然、上人の姿が天狗サンの目に映ったではありませんか。手にしていた数珠を落としかけた上人が、反対の手でうまくつかんだ瞬間の出来事でした。「よし、数珠を落とさずにすんだぞ」。そんなとっさの上人の気の緩みが、刹那《せつな》のおごりにつながったのでしょう。

明恵上人のような立派な方でさえ、ふとしたときにおごり高ぶることがある。いわんや凡人の我々をや、です。慢心は破壊に通じると申します。くれぐれも慎みたいものです。

作者紹介

松岡みち子　名は道子、美知子とも書く。幕末～明治時代の教育者。父の筑前福岡藩医・松岡蓬州から和学や漢学を学ぶ。一八七四（明治七）年に東京竹橋女学校の訓導となる。秋田師範、長崎師範などの教諭を経て、八八（明治二一）年に全国で三番目の高等女学校として設立された私立広島高等女学校に移り、一九〇二（明治三五）年に校長となる。一八三二（天保三）年―一九一一（明治四四）年。享年八十

✣「運がない」のではなく、「運を逃している」

いつまでも　あると思《おも》ふな　親《おや》と金《かね》
無《な》いと思《おも》ふな　運《うん》と災難《さいなん》
（作者・出典不詳）

この歌の上の句は、皆さんも一度は耳にしたことがあるでしょう。下の句はどうでしょうか。私は母からこの歌をよく聞かされました。「運も災難も、『ない』と思うて油断してはいかん。いつかあるかもしれんと思うて、日頃から備えておかないかん」というのが母の口癖でした。

人は油断をする生き物です。次のような道歌があります。

雨《あめ》ならば　宿《やど》も借《か》るべき　夕暮《ゆうぐ》れに　霧《きり》にぞいたく　袖濡《そでぬ》らしけり

（作者不詳『続鳩翁道話』）

雨が降っていたなら、自分は雨宿りをしていただろう。けれど、これくらいの霧なら大丈夫だと思って出かけた結果、あとからの大雨で着物を濡らす羽目になった——。そういう意味です。何でも軽く考え、軽く行動してはいけないという歌です。

これが雨ではなく天災であれば、着物が濡れるぐらいではすみません。災難はいつ何どきやってくるかわからないものです。東日本大震災や、熊本地震を経験した今、日本人なら誰もが身に染みて感じているでしょう。いざというときのために、心づもりと準備は万全にしておかなくてはいけません。

日頃の備えが大切だという点においては、運も同じです。自分には運がないものと決めてかかっている人がいますが、そんなことはありません。誰でも生涯に二度や三度は運が回ってくるものです。ただし、それを逃したら次はなかなかありません。ここぞというときをしっかりと見定め、好機が到来したら、迷わずそれをつかめるよう、平生より努めておかねばなりません。

運は寝て待つものでなく、努力を積んで自らつかむものなのです。

☆掃除はお清め。一掃きごとに心が洗われる

そのままに　うちすておかば　払《はら》ふべき
ははきにも猶《なお》　塵《ちり》や積《つ》もらむ
（大国隆正　出典不詳）

「ははき」とは「箒《ほうき》」のことです。この歌を直訳すると、「塵を払うのに必要な箒でさえも、そのままうち捨てておけば箒自体にも塵が積もってしまう」ということです。つまり、心を間断なく掃き清めるよう道歌は諭しているのです。

次の三つの歌も、同じように心の掃除の大切さを説いています。

気《き》もつかず　目《め》にも見《み》えねど　知《し》らぬ間《ま》に　ほこりのたまる　袂《たもと》なりけれ

（作者・出典不詳）

掃《は》けば散《ち》り　払《はら》へばまたも　塵積《ちりつ》もる　人《ひと》の心《こころ》も　庭《にわ》の落《お》ち葉《ば》も

（作者・出典不詳）

手《て》や足《あし》の　汚《よご》れは常《つね》に　洗《あら》へども　心《こころ》の垢《あか》を　洗《あら》ふ人《ひと》なし

（作者・出典不詳）

「面倒だなあ」「まあいいか」と掃除をさぼっていると、家の中も庭もあっという間に散らかってしまいます。そして、いざ片付ける段には、多大な労力が必要となるものです。「こまめにやっておけばよかった」と思っても後の祭りです。

また、手足の汚れは見えるので、いつでも洗い流すことができます。けれども、心の汚れは目に見えませんし、触れることもできません。一体全体どうやってきれいにすればいいのかと、いぶかる方もいるでしょう。そこは難しく考えなくてもいいのです。節目節目の行事を大切にする。旅に出る。おいしいものを食べる。素晴らしい話を聞く。音楽を聞く。気の置けない仲間と酒を酌み交わす。これらが心の洗濯となります。

神社で境内の掃除をしていると、ご参拝の方から「ありがとうございます」「ご苦労さまです」と声をかけられます。これは、参拝者の方々が、神社の掃除は単なる掃除ではなく、特別な行為であると感じておられるからでしょう。事実、掃除は「お清め」と申します。

仏教の世界でも掃除は重視されていて、「一掃除、二勤行、三学問」と教えるとか。掃除は読経や学問よりも優先順位が上なのです。

このことは、古典芸能の中にも見てとれます。能の有名な演目「高砂《たかさご》」は、前シテとして老夫婦が登場します。二人は高砂の松の精で、翁は手に熊手を、嫗《おうな》は箒を持っているのです。これは何を意味するのでしょう。

いにしえより、掃除は大変に精神性の高い、意義ある行為と見なされてきました。現代に生きる私たちも、自分自身を浄化させることをしなければ、心を病んでしまいます。心に塵芥《じんかい》を溜め込んではいけないのです。

作者紹介

大国隆正《おおくにたかまさ》　幕末〜明治時代初期の国学者。父は石見国津和野藩士・今井秀馨。江戸藩邸で生まれ、平田篤胤《あつたね》について国学を修め、昌平黌《しょうへいこう》で朱子学や和歌を学ぶ。長崎に遊学後、津和野藩を脱藩し、大坂で学問を志す。自らの学問を本教・本学と称し、のちに各地の藩校で教え、多くの門人を育てる。五一（嘉永四）年、津和野藩士に復し、独自の尊王攘夷論を展開した。著書に『本学挙要』『古伝通解』などがある。一七九二（寛政四）年―一八七一（明治四）年。享年八十

✳解決法は必ずある。行動すれば活路が見出せる

いにしへの　道《みち》を聞《き》いても　唱《とな》へても
我《わ》が行《おこな》ひに　せずばかひなし
（島津忠良『いろは歌』）

世の中には先人の知恵がたくさん遺っています。故事やことわざ、道歌はその代表例でしょう。しかし、そうした教えに耳を傾け、唱えようとも、実践しなくてはまったく意味がありません。いつの時代も、歴史に名を遺すような功績をあげた方々は、実践を重んじました。

室町時代に活躍した太田道灌にこんな逸話があります。

出かけた先で大雨に降られた道灌は、村はずれの苫屋《とまや》を訪ね、村娘に蓑《みの》を貸し

てほしいと頼みます。すると娘は、蓑ではなく、一枝の山吹の花を差し出しました。道灌は娘の意図が理解できず、たいそう怒って立ち去ります。

しかし後日、道灌は自分の振る舞いを大いに悔やみます。少女が山吹を差し出したのは、

七重《ななえ》八重《やえ》　花《はな》は咲《さ》けども　山吹《やまぶき》の　みの一《ひと》つだに　なきぞかなしき

という兼明親王の古歌を踏まえてのことだと知ったからです。「みの」は「蓑」の掛詞で、蓑一つさえない貧しさへの嘆きが込められています。村娘は、「蓑をお貸しできなくて申し訳ありません」という気持ちを山吹に託したのでした。道灌は無学な己を恥じ、以降、学問に邁進したといいます。

道灌は武将としても、学者としても一流だったといわれていますが、もし、無学を恥じただけで何も行動しなかったとしたらどうでしょうか。後の世まで語り

継がれたりはしなかったと思うのです。

現代においても、仕事ができる人は実践を大切にします。

若い頃、職場に仕事ができる先輩と、そうでない先輩がいました。二人の違いはどこにあるのだろうかと観察したところ、ある違いに気がつきました。

上司から何か指示を出されたとき、仕事ができない先輩は、できない理由を真っ先に並べ立てます。「それは無理です。なぜなら……」と持論を披露するばかりで、少しも動こうとしません。

一方、仕事ができる先輩は、「わかりました。やってみます」と答え、すぐに取りかかります。そして、うまくいかなければ、失敗した理由を端的に述べ、「申し訳ありませんでした」と謝罪していました。たとえ成功はしなくても、実際に行動した末の結果です。たいていの上司は納得していました。また、できなかったという事実よりも、行動したという事実を評価したのです。私は二人の先輩から、まずやってみることの重要性に気づきました。

祖母は生前よく、「この世で起きたことは、この世で解決できる」と言っていました。祖母が私に教えたように、どんな局面でも解決方法は必ずあります。隘《あい》路《ろ》にも抜け道はあるものです。

いかなるときも、活路を見出すために、一歩、踏み出してみましょう。そして、歩きはじめて間違いだと気づいたら、また、やり直せばいいのです。

また、次のような道歌もあります。

能事《よきこと》も　あしき事《こと》をも　鏡《かがみ》ぞと　人《ひと》を見分《みわ》けて　我《わ》が身《み》をば知《し》れ

（作者不詳『愚息教歌百首』）

よい手本も悪い手本も、すべて己《おのれ》を知る手立てとなるものです。

作者紹介

島津《しまづ》忠良《ただよし》　戦国期の薩摩の武将。日新斎《じっしんさい》の号で知られる。島津家の分家である伊作善久の子として生まれる。父の没後、母が再嫁した相州家島津運久の養子として、伊作家と相州家の家督を相続。嫡男の貴久が本宗家島津勝久の養子となり、一五二七（大永七）年、守護職を継承する。以後、その地位を確立するために奔走した。また、儒教的な心構えを四十七首の歌で示した『いろは歌』を創作し、その後の薩摩藩士独特の教育の基盤を築くなどの業績から島津家中興の祖といわれている。一四九二（明応元）年―一五六八（永禄一一）年。享年七十七

✳ 氷山の一角のその下にこそ、思いを致す

なせば成《な》る　なさねばならぬ　何事《なにごと》も
成《な》らぬは人《ひと》の　為《な》さぬなりけり
（上杉鷹山　出典不詳）

何事も、やってみたらどうにかなるし、やってみなければどうにもならない。本来はできるはずのことを、「できない」というのは、それは単に挑戦していないからである――。名君と名高い米沢藩主・上杉鷹山の歌とされています。

江戸時代に活躍した国学者・平田篤胤や、江戸時代中期の心学者・手島堵庵も、よく似た歌を残しています。

なさばなり　なさずはならぬ　なる業《わざ》を　ならずとすつる　人《ひと》のはかなさ
（平田篤胤　出典不詳）

なせばなる　なさねば成《な》らぬ　成《な》るものを　ならぬといふは　なさぬ故《ゆえ》なり
（手島堵庵『為学玉箒』）

もう何年も前の話ですが、テレビ番組で、銀座の寿司の名店「すきやばし次郎」の大将・小野二郎さんが特集されていました。

小野さんはもともと左利きなうえ、たいそう不器用だったといいます。修業を始めた頃は、師匠の指示通りにうまく寿司を握れなかったので、酢飯の代わりにオカラを使って何千回、何万回と練習したそうです。しかし、あるとき、握った寿司がひっくり返ったことに気づきを得て、それからうまく握れるようになったとか。今は名人と呼ばれる域に達しておられると聞きます。あきらめず、倦《う》まず弛まず励んだ結果、「なせばなる」を体現なさった。その事実に深く感銘を受けました。

ただ、そうした努力は、ときとして周囲の人には知られないものです。こんな話があります。

江戸時代のことです。ある酒屋の主人が、柳沢淇園《きえん》に「さかや」と書いてほしいと頼みました。淇園は大和郡山藩の家老の家に生まれた能吏です。柳里恭《りゅうりきょう》の名でも知られる文人画の大成者であり、書も秀逸な人でした。酒屋の主人は淇園に美しい文字で「さかや」と書いてもらい、看板にするつもりだったのでしょう。

後日、酒屋の主人は淇園から約束の書を受け取りますが、どうも気に入りません。そこで、淇園のもとに出向き、「御前《ごぜん》様、申し訳ございませんが、もう一枚、書いてもらえませんか」と頼みます。すると淇園が唐紙《からかみ》（ふすま）をすっと開けました。隣室には長持が一棹置いてあり、その中には「さかや」と書かれた大量の反故紙が納められてあったのです。淇園は何千枚もの書をしたため、その中から、もっともよいと思う一枚を渡していたのでした。

氷山の一角を見て、すべてをわかったような気になるのは実に愚かです。一見するとたいしたことがないような物事にも、思いがけない何かが隠れているかもしれません。物事には前と後、いきさつというものがあります。
また、まこも、むぐらといった草に宿る雫《しずく》や、萩の花からしたたる露が、やがて大河となり海に注ぐように、今はとるにたりない小さな行為も、ゆくゆくは壮大な展開になるやもしれません。小事だからといって見過ごしてはならない、おろそかにしてはならないということを示した道歌に次のようなものがあります。

吉野川《よしのがわ》　その源《みなもと》を　たづぬれば　まこもの雫《しずく》　花《はな》の下露《したつゆ》
（作者・出典不詳）

吉野川《よしのがわ》　その源《みなもと》を　たづぬれば　葎《むぐら》の雫《しずく》　萩《はぎ》の下露《したつゆ》
（作者不詳『有べかかり』）

自分が相対している世界の、その足下、そしてその前途を、見通せるようになりたいものです。

作者紹介

上杉鷹山《うえすぎようざん》（上杉治憲《はるのり》）　江戸時代中期の大名。出羽国米沢藩九代藩主。藩主隠居後の号・鷹山で知られる。父は日向国高鍋藩六代藩主・秋月種美。十歳のときに米沢藩八代藩主・重定の養子となり、七年後の一七六七（明和四）年に家督を相続した。藩校・興譲館を整備、再興させたり、倹約を勧めるなどして藩政改革をおこなった。八五（天明五）年に重定の三男・治広に家督を譲り隠居するが、後見人として藩政を指導した。一七五一（寛延四）年―一八二二（文政五）年。享年七十二

平田篤胤《ひらたあつたね》　江戸時代後期の国学者。父は秋田藩士、のち備中松山藩士平田篤穏《あつやす》の養子となる。江戸に出て国学を学び、本居宣長没後にその門人となる。宣長の古

道精神を強化し、地方の神官や豪農に信奉され、幕末の尊皇攘夷運動に大きな影響を与えた。『古道大意』『古史成文』『古史伝』をはじめ多数の著書がある。一七七六（安永五）年―一八四三（天保一四）年。享年六十八

手島堵庵《てじまとあん》　江戸時代中期の心学者。京都の商家に生まれ、十八歳のときに石門心学の開祖・石田梅岩に師事する。家業を長男に譲ったあとは心学の普及に専念し、明倫舎などの講学の場を設立した。著書に『知心弁疑』がある。一七一八（享保三）年―八六（天明六）年。享年六十九

✳︎八方美人は四十まで。不惑をすぎたら覚悟を決める

かくすれば　かくなるものと　しりながら
やむにやまれぬ　やまとだましひ
（吉田松陰　出典不詳）

吉田松陰のとても有名な歌です。

このような振る舞いをすれば、こうなるのはわかっていた。それでも、やむにやまれず行動してしまうのが、大和魂というものではないか——。

松陰は、高杉晋作、伊藤博文といった、維新の指導者を育成した人物です。しかし、安政の大獄で幕府に捕らえられ、刑に処せられます。松陰はどんな気持ちでこの歌を詠んだのでしょう。いかなる結果も甘んじて受け入れよう。信念を貫

くためなら命さえ惜しくない。そんな覚悟が垣間見える気がします。現代に生きる私たちも、松陰の心構えを見習わなくてはいけません。

誰にでもいい顔をし、甘言だけを口にする、いわゆる八方美人でいるのはとても楽です。ただし、こうした生き方が通用するのはせいぜい四十歳まで。不惑をすぎたら、是か非か問われる場面が絶対に出てきます。

ある神具店の主人は、典型的な八方美人でした。お客さんに「値段をちょっと勉強してちょうだい」と頼まれたら断れません。いつしか、お客さんたちの間では値切るのが当然になっていました。

やがて、彼は息子に店を譲ります。息子は父親とは正反対の性格で、商売の才にも、行動力、決断力にも恵まれていました。「うちで扱っている商品は掛け値なしの正当な値段なのだから、金輪際、値引きには対応しません」と宣言し、すぐに実行に移します。勇気ある彼を待ち受けていたのは、お客様からの批判の嵐でした。「おまえの親父はいつもまけてくれたのに、お前の代になって途端に安くしてくれないなんて、どういうつもりだ。ほかの店を贔屓《ひいき》にするぞ！」。多くの客からバッシングを受けたのです。

値引きが常態化すれば、店はいずれ傾きます。たとえお客さんからなじられても、いつかはそれを改めなくてはいけませんでした。けれども、父親は他人から悪く言われるのを恐れて決断を先延ばしにし、最終的には放棄してしまった。おかげで息子が苦労する羽目になりました。嫌われても、憎まれても、自分の意思を示さなくてはいけないという状況は、とてもつらいものです。だからといって何もせずに放り出したら、本人はいいかもしれませんが、ツケは膨れあがるばかり。最終的には、周囲や子々孫々に回ってしまいます。

これは、何事にも通じる話ではないでしょうか。

戦後の日本の復興を支えた人たちには覚悟がありました。みんな、戦争という死と隣り合わせの日々をかいくぐり、運よく生き延びた人たちです。「いざとなったら命をかける」という気力、迫力、胆力をもっていました。だからこそ、日本はあれほど劇的に発展できたのではないでしょうか。

そうした肝の据《す》わった人が、今の日本にはほとんどおりません。自分ばかりがかわいく、責任はすべて他人に押しつける。誰も彼もがこのような態度を続けていたら、日本は早々にだめになってしまうでしょう。心配でなりません。

殊に昭和五十年以降、企業の欧米化が進み、成果主義にと日本が舵を切り始め、合理主義の名のもとに無駄と称する部分を切り捨て、効率を最優先させたがため多くの技術や人が切り捨てられました。

また、上司は、部下が苦労して提出した案件も、自分の出世と天秤にかけ、リスクが大きくて自分が責めを負うようなものは取り上げず、部下の力を伸ばすこともしません。近頃は「すべての責めは俺が負う。思いっきりやりなさい」と言う上司は少なくなりました。こんなことを繰り返してきたので、偽装や粉飾を重ねることが平気になってしまったのではないでしょうか。

「恥」の文化をもった日本なればこそ、潔い心根がより素晴らしい技術を進化させて、よい仕事を成し遂げ、世界に稀《まれ》な「人のため」になる人づくり・物づくりをしてきたのです。

心《こころ》だに　誠《まこと》の道《みち》に　叶《かな》ひなば　祈《いの》らずとても　神《かみ》や守《まも》らむ

（伝 菅原道真『鸚鵡（おうむ）問答』）

何事にも、真心をもってことを成せば、お祈りしなくても神々はご加護をくださるのです。

作者紹介

吉田松陰《よしだしょういん》　幕末期の思想家・教育者。父は長門国萩藩士・杉百合之助。山鹿流兵学師範であった叔父の死後、吉田家を相続し、兵学師範となる。一八五二（嘉永五）年に藩の許可なく東北遊学をしたため処分を受けた。五四（安政元）年に再航したペリーの船に密航しようとしたが失敗して投獄される。翌年出獄は許されたが、杉家に幽閉の処分となる。五七（安政四）年に叔父が開いた松下村塾の主宰者となり、久坂玄瑞《くさかげんずい》、高杉晋作など幕末〜明治期に活躍した多くの人材を教育した。五九（安政六）年、安政の大獄で死罪となった。一八三〇（文政一三）年—五九（安政六）年。享年三十

菅原道真《すがわらのみちざね》　平安時代前期の公卿・文人。幼い頃から詩歌に優れ、八六二（貞観四）年に文章生、八七七（元慶元）年に文章博士となる。宇多天皇に重用され、右大臣となり、九〇一（延喜元）年に従二位を叙せられる。しかし、左大臣・藤原時平の讒言《ざんげん》により大宰府へ左遷され、失意のうちに現地で没した。死後、天変地異が続発したことから怨霊として恐れられ、天神として祀られた。編書に『日本三代実録』『類聚国史』、漢詩文集に『菅家文草』『菅家後集』がある。現在は学問の神様として知られている。八四五（承和一二）年—九〇三（延喜三）年。享年五十九

✳ 苦しみを作り出すのは自分の心

火《ひ》の車《くるま》　作《つく》る大工《だいく》は　なければども
己《おの》がつくりて　己《おの》が乗《の》りゆく

（作者・出典不詳）

以前、私はパニック障害になったことがあります。通院している病院で貧血をおこし倒れてしまってから、「また倒れるのでは？」と考えるようになり、ついにはパニック障害になってしまったのです。

立っていても座っていても目が回り、時折ふーっと気が遠くなります。わずか五分の朝礼さえ姿勢を保っていられません。「自分はどうなってしまったのだろう」と考えるほどに不安が強くなり、症状はどんどん悪化していきました。

そんなとき、ふと浮かんだのが冒頭の道歌でした。

お金に困窮することを「火の車」といいますね。「火の車になってしまうような状況をつくったのは誰か？　自分自身ではないのか？」と道歌は問うています。私のパニック障害も同じではないかと気づきました。心の病はほかから感染するものではありません。自分の中から生じるものです。

私は何も、心の病は本人が悪いのだと言いたいわけではありません。医療機関の治療を否定する意図もありません。ただ、私の場合は、「自分から生まれた病なら、自分で対処できるに違いない」と気づいたことで、何やら先に光が見えるような気がしました。自分で治せるかもしれないと思いついた途端に心が軽くなりました。

心の病は、隠さずに、信頼できる人に話してしまうのも一つの方法です。

私がパニック障害になったことを伝えると、「実は俺も電車に乗っているときに急に動悸《どうき》息切れがする」「自分の職場にもパニック障害になった人がいる」など、類似の事例が出るわ出るわ。苦しんでいるのは自分だけではなかったのです。それがわかっただけでも、ずいぶんと気が楽になったことを覚えています。

思うに、心の病になる人は、そうめん流しで、流れてくるそうめんを一本残らず取ろうとする人ではないでしょうか。人生には、嫌なこと、不都合なこと、泣きたくなることはいくらでもあります。多くの人は、それをうまくあしらいながら生きています。ところが、受け流せない人がいます。一つ一つ、真正面から受け止めてしまえば、心が悲鳴を上げてしまうのです。

ただ、私はパニック障害になったことを「不幸」とは思っていません。どんなに苦しい病かは経験した者でないとわからないものです。自分が病気になったおかげで、その病に苦しんでいる人をたくさん救うことができました。つまり、この病気が幸せの種をまくことになったのです。不幸を不幸のままで終わらせることは「不幸」です。けれども、不幸を幸せの糧にできれば、決して不幸にはならないのではないでしょうか。

生きにくい時代です。そんな時代を生き抜くときに、道歌はきっと役に立ちます。私自身、パニック障害に限らず、これまでに何度も道歌に救われてきました。読んだときは「ふーん、そんなものか」くらいにしか思っていなかった歌が思わぬ場面で思い出され、支えられたことも数知れずあります。

道歌は先人たちの生きる知恵です。心の引き出しに入れておけば人生の指針となり、いつかきっとあなたを支えてくれます。

✳ よい人でありたいと願う気持ちが世界を変える

世《よ》の中《なか》の　人《ひと》をあしとも　おもふなよ
我《われ》だによくば　人《ひと》もよからむ
（荒木田守武『世中百首』）

他人ばかりを悪く思ってはいけない。まず自分がよい人間になれば、他人もよい人間になるだろう――。この道歌を読むたびに、私は仏典にある「牛の皮」の話を思い出します。

日本に伝わる仏典は、インドから中国へと伝わり、中国で漢訳されたものです。しかし漢字には複数の意味があり、読み方によってもまったく意味が異なってしまいます。翻訳を重ねた日本の仏典は、お釈迦様の本来の教えと違ってしまっているのではないか。明治時代に、そんな疑問を抱いたお坊さんがいました。河口慧《え》海《かい》師です。

その頃にはすでに、各言語に訳される前の原典は散逸《さんいつ》していました。そこで慧海師は、原典にもっとも近いと考えられるチベット語の仏典を求め、一八九七年、まずはインドに渡ります。チベット語を習得するためです。そして、三年後の一九〇〇年、チベットに入国します。こう書くと、いかにも安穏《あんのん》とした旅のように思われますが、現実は違いました。当時のチベットは鎖国中です。ゆえに、師は身分を中国僧と偽り、さらには、ヒマラヤ越えという危険な経路をとらざるをえませんでした。一九〇〇年といえば明治三十三年です。私たちが想像する以上に命がけの旅でありました。

苦労の末に、師は、お釈迦様の真の教えを知りたいという宿願を見事に達成されます。チベットから貴重な仏典を多数持ち帰り、国内における仏教学とチベット学の発展に大いに貢献されました。

師が手に入れた資料の中に『入菩薩行論《にゅうぼさつぎょうろん》』というお経があります。そこには、次のような話が書かれています。

「もし、この世界が牛の皮で覆《おお》われていたならば、私たちはどこまでも裸足《はだし》で歩いていけるだろう。しかし、現実にはそれは不可能だ。けれども、牛の皮でつくった靴を履《は》いたなら、私たちは世界中どこへでも歩いていける。これはつまり、世界中が牛の皮で覆われたのと一緒ではないか。同じように、この世界を理想の天国にするのは不可能である。しかし、私たちが菩提心を発するならば、世界は天国になったのに等しい」

菩提心とは仏になろうとする心です。人の幸せを願い、他人のために自分を捧げる覚悟です。

冒頭の道歌はまさに、同じことをいっているのです。

作者紹介

荒木田守武《あらきだもりたけ》　戦国時代の神宮祠官・連歌師。一五四一（天文一〇）年、伊勢内宮の一禰宜《いちのねぎ》となる。宗祇・猪苗代兼載らに連歌を学び、山崎宗鑑とともに連歌を俳諧から独立させる機運をつくる。『新撰菟玖波《つくば》集』に入集される。『法楽発句集』などの連歌集、『守武千句』などの俳諧集、教訓歌集『世中百首』などがある。俳諧の祖とも呼ばれている。一四七三（文明五）年―一五四九（天文一八）年。享年七十七

✳ 心ほど恐ろしいものはない

はるばると　あだちが原《はら》へ　ゆかずとも
こころのうちに　鬼《おに》こもるなり
（脇坂義堂『やしなひ草』）

あだちが原（安達ヶ原）は、福島県の安達太良山《あだたらやま》のふもとにあります。ここは昔から鬼の棲《す》む場所と恐れられていました。その伝説を確かめようと、わざわざ安達ヶ原まで足を運ぼうとした人もいたのでしょう。そんな人たちに対して作者は、「鬼なら心の中にいるではないか」と指摘しています。

脇坂義堂が著した『やしなひ草』には次のような歌もあります。

われといふ　こころの鬼《おに》が　つのりなば　なにとて福《ふく》は　うちに入《い》るべき

（脇坂義堂『やしなひ草』）

「自分」という心の鬼が幅を利かせていたら、どうやって福が内側に入ってこられるだろう——という意味です。

節分で豆をまくとき、私たちは「鬼は外　福は内」と言いますね。けれども、心の中に鬼が棲んでいたなら、福が入る余地はありません。この歌は、「福を招きたいのであれば、まずは心の器を大きくしておきなさい」と言っているのです。年経るごとに心の器を大きくせねばなりません。

また別に、心について、こんな思い出があります。春日大社にいた頃の話です。拝殿の「手すり」がたいそう古びているのを見た私は、即座に、修理しなければと思いました。ところが、あるご老人が「この手すれが春日さんやなあ」とおっしゃったのです。

まだ若かった私は、古いものはすなわち直すべきものと考えました。一方、ご老人は何十万人の人が神様を祈って触られた手すりにこそ価値を見出された。私はこのとき、古いものには先人の心がこもっていること、それはお金では購《あがな》えないものだということを心に刻んだのです。

長い年月を過ごしたものには、新品にはない、味わいや深みがあります。人間も同じではないでしょうか。

心の器というものは、年を経るごとに大きくなるものです。三十代の頃にはまったくわからなかった茶器のよさが、五十代、六十代になるとわかるようになったりする。同じような経験をされた方も多いでしょう。

知り合いの弁護士の岡豪敏先生からこんな話を聞きました。岡先生が顧問先の会長さんと世間話をしていたときのことだそうです。会長さんは御年九十歳。ひとしきり話をした後、会長さんはひとこと、こうおっしゃったそうです。

「世の中のものめごとなんぞ、もうどうでもエエのや。どうでもエエようになってくるのや」。この発言に、先生はたいそう感銘を受けられたとのこと。

さまざまな経験を積んだ人には、何事にも動じない鷹揚《おうよう》さと、若い人にはない知恵があります。これを胆識《たんしき》といいます。頭で考えているのではない、しみこんだ体の中から湧き出てくる力です。

とはいえ、中には、ただ古いだけ、あるいは、いたずらに年をとっただけ、ということもあります。齢を重ねるごとに器が大きくなり、中身がともなう。そんな老い方をしたいものです。

＊むさぼりの中にありても、むさぼらず

水鳥《みずとり》の　水《みず》に入《い》りても　羽《は》も濡《ぬ》れず
海《うみ》の魚《うお》とて　塩《しお》もしまばや
（一遍『月刈藻集』）

水鳥は水に入っても羽が濡れることはない。海の魚も、海の中にいたからといって塩味になるわけではない――。

つまりは、「どのような境遇にいても世俗には染まらない」という意味の歌です。『法句経《ほっくきょう》』の名訳に次のくだりがあります。

「むさぼりの中に　むさぼりて、かつむさぼりなくげに　生きんかな」

『法句経』は、お釈迦様の初期の教えを伝えるとされる教典です。「貪欲《どんよく》な人た

ちの中にあって同じようにむさぼっているかの如く生きてゆく。しかし心までむさぼることはしないのだ」。お釈迦様はそう諭されています。

とはいえ、俗人の中で一人だけが聖人君子然としているのは生きていくのが難しい。「自分だけいい子ぶりやがって」とそしられ、孤立してしまうのは明らかです。組織で生きる人ならなおさらです。売上至上主義の会社に属していながら「金儲けなどという汚らしい仕事はできない」と言っていたら、途端に居場所を失ってしまうでしょう。「すまじきものは宮仕え」なのです。

では、どうすればいいのか。

仏様や菩薩は、人々を救うために敢えて才能をお隠しになり、私たち凡人が受け入れやすい姿で現れるとされます。これを「和光同塵（光をやわらげ、塵と同じうす）」といいます。私たちも、和光同塵の法を用いてみてはどうでしょうか。先ほどの例で言えば、「そうだな。金儲けしないとな」と同調しつつも、心までは犯されないようにする。

後輩神職のB君から聞いた、こんな話があります。

神職は、祭祀《さいし》に奉仕する際は事前に斎戒《さいかい》をします。斎戒とは心身を清浄に保つことで、衣服を改め、飲酒や肉食を慎み、不浄を避けます。翌日に祭祀を控えた晩に、B君はやむを得ず会食に参加することになりました。献立はすき焼きです。「斎戒中なので申し訳ありません」と言って飲み食いせずに、ただ同席するだけでもよかったのですが、それでは周囲に気を遣わせてしまうかもしれません。そこで彼は、普通に食事をし、お酒を飲み、あとから胃の中のものをすっかり吐いたといいます。

B君のとった手段の是非はともかくとして、生きていくためには、周囲に合わせるのも必要だと思うのです。

かつて私は、「黒を白と言いくるめるなんてあってはならない」と考えていました。黒は黒であり、白は白である。もちろん、それが正しいのです。けれども、正しさだけでは立ち行かない局面もあります。黒を白と言う。俗塵《ぞくじん》にまみれる。

これもまた度量ではないかと近頃思うようになりました。
そして、さらに思うのです。俗塵にまみれることが度量であるとわかったうえでも、曲げてはいけないことがある、と。「黒いものを白と言え」と言われたときに、「いいえ、これは黒です」と正しいことを正々堂々と言い切る。これを「勇気」といいます。

作者紹介
一遍《いっぺん》　鎌倉時代中期の僧。時宗《じしゅう》の開祖。父は伊予国風早郡の豪族・河野通広。一二四八（宝治二）年に出家した。その後、還俗するが、再出家して善光寺や高野山など各地で修行をする。時衆と呼ばれた人々を率いて巡礼（遊行）を続け、「南無阿弥陀仏　決定往生六十万人」と刷られた算（念仏札）を配り、踊り念仏を広めた。「一遍上人」「遊行上人」「捨聖」と尊称される。一二三九（延応元）―一二八九（正応二）年。享年五十一

出典紹介

P13『**見咲三百首和歌**《けんしょうさんびやくしゆわか》』

『見咲和歌集』ともいう。慶長（一五九六－一六一五）年間に刊行されたと考えられる和歌集。

P17・61『**西明寺殿百首和歌**《さいみようじどのひやくしゆわか》』

『西明寺殿百首』『さいみやうし百首詠哥《えいか》』『西明寺百首』『最明寺殿百首』ともいう。教訓に満ちた和歌が掲載されている。作者・成立年未詳。

P31『**歌発百撰集**《かわずひやくせんしゆう》』

三巻。寿翁が編んだもの。寿翁については未詳。成立未詳。

P34『**うすゆき物語**《ものがたり》』

『うす雪物語』『薄雪物語』ともいう。二巻。慶長（一五九六－一六一五）末以前に成った仮名草子。作者未詳。深草の園部衛門と一条殿の身内の人妻薄雪との悲恋物語。

P38『醒睡笑《せいすいしょう》』
八巻。一六二三（元和九）年に成った咄本《はなしぼん》。安土桃山〜江戸時代初期の説教僧・安楽庵策伝が幼いころから耳にしたり、読んだりした笑い話をまとめたもの。笑話集として最古のものの一つとされる。

P57『閑窓瑣談《かんそうさだん》』
四巻。佐々木貞高著。一八四一（天保一二）年刊。佐々木貞高は為永春水の名で知られる江戸時代後期の戯作者。

P67『雲萍雑志《うんぴょうざつし》』
四巻。柳里恭《りゅうりきょう》（柳沢淇園《きえん》）の作とされているが、そうではなく、作者不詳。一八四三（天保一四）年刊。当時の俗話、雑事などが書かれた随筆。

P81・85『鳩翁道話《きゅうおうどうわ》』
江戸後期の心学者・柴田鳩翁の道話を、養子の遊翁が筆録したもの。一八三五（天保六）年刊。平易な語り口で、古典や身近な実例を挙げながら心学の教えを説いた。ほかに、続篇、続々篇がある。

P92『心学道之話《しんがくみちのはなし》』

『心学　道の話』ともいう。一八四二（天保一三）年刊。江戸時代後期の心学者・奥田頼杖《らいじょう》の講話を、同じく心学者の平野橘翁《きつおう》が筆記したもの。

P105『松翁道話《しょうおうどうわ》』

五巻。江戸中期の心学者・布施松翁が著した道話集。一八一四（文化一一）年〜一八四六（弘化三）年刊。

P147『続鳩翁道話《ぞくきゅうおうどうわ》』

江戸後期の心学者・柴田鳩翁の道話を、養子の遊翁が筆録したもの。一八三六（天保七）年刊。平易な語り口で、古典や身近な実例を挙げながら心学の教えを説いた。ほかに、正篇、続々篇がある。

参考文献

『道歌教訓和歌辞典』木村山治郎・編　東京堂出版　一九九八年
『松翁道話』布施松翁　石川謙・校訂　岩波書店　一九三六年
『耳袋』根岸鎮衛　平凡社　一九七二年
『醒睡笑』安楽庵策伝　宮尾與男・訳注　講談社　二〇一四年
『鳩翁道話』柴田鳩翁　柴田実・校訂　平凡社　一九七〇年
『駿亭講釈　心学いろはいましめ』小山駿亭　大場柯風・訳　文芸社　二〇一七年
『日本史人物辞典』日本史広辞典編集委員会・編　山川出版社　二〇〇〇年

道歌索引

あ行

か行

さ行

た行

な行

は行

掃けば散り　払へばまたも　塵積もる　人の心も　庭の落ち葉も　150
はるばると　あだちが原へ　ゆかずとも　こころのうちに　鬼こもるなり　178
火の車　作る大工は　なけれども　己がつくりて　己が乗りゆく　170
へつらはず　おごることなく　争はず　欲をはなれて　義理をあんぜよ　44
骨かくす　皮には誰も　迷ひけむ　美人といふも　皮のわざなり　116

ま行

まこも草　つのぐみわたる　沢辺には　つながぬ駒も　はなれざりけり　37
水鳥の　水に入りても　羽も濡れず　海の魚とて　塩もしまばや　182
見む人の　ためにはあらで　奥山に　おのが誠を　咲く桜かな　51
目で見せて　耳で聞かせて　して見せて　ほめてやらねば　誰もせぬぞや　21

や行

やって見せ　言って聞かせて　させて見せ　褒めてやらねば　人は動かじ　20
能事も　あしき事をも　鏡ぞと　人を見分けて　我が身をば知れ　156
欲深き　人の心と　降る雪は　積もるにつけて　道を忘るる　3
よしあしに　移るならひを　思ふにも　あやうきものは　心なりけり　65

わ行

〈著者プロフィール〉
岡本彰夫（おかもと・あきお）

1954（昭和29）年奈良県生まれ。1977（昭和52）年國學院大學文学部神道科卒業後、春日大社に奉職。ことに祭儀の旧儀復興に尽力した。式年造替においては、明治維新期に失われた儀式を1995（平成7）年の第59次式年造替でほぼ完全な形に復興させた。2001（平成13）年より2015（平成27）年まで春日大社権宮司。同年退任。1993（平成5）年より2007（平成19）年まで、国立奈良女子大学文学部非常勤講師。1998（平成10）年より2004（平成16）年まで、帝塚山大学非常勤講師。2015（平成27）年より、東京で人材育成を目指す誇り塾を立ち上げ、定期的に勉強会を開催している。現在、奈良県立大学客員教授。誇り塾塾頭。著書に『大和古物散策』『大和古物漫遊』『大和古物拾遺』（すべてぺりかん社）、『日本人だけが知っている神様にほめられる生き方』『神様が持たせてくれた弁当箱』（ともに幻冬舎）などがある。

道歌入門
悲しいときに口ずさめ　楽しいときに胸に聞け

2018年4月5日　第1刷発行

著　者　岡本彰夫
発行人　見城 徹
編集人　福島広司

GENTOSHA

発行所　株式会社 幻冬舎
〒151-0051　東京都渋谷区千駄ヶ谷4-9-7

電話　03（5411）6211（編集）
03（5411）6222（営業）
振替　00120-8-767643
印刷・製本所　中央精版印刷株式会社

検印廃止

ISBN978-4-344-03277-4　C0095
幻冬舎ホームページアドレス　http://www.gentosha.co.jp/

この本に関するご意見・ご感想をメールでお寄せいただく場合は、
comment@gentosha.co.jpまで。